世界とつながる みんなの宗教ずかん

監修　中村圭志

ほるぷ出版

もくじ

はじめに ･････････････････ 4

序章 宗教ってなに？ ････ 5

宗教って、なんだろう？ ･･････････ 6
じつは、世界は宗教だらけ！ ････････ 8
世界は広くてせまい！？ ･･････････ 10
宗教はくらしの一部 ････････････ 12

1章 くらしの中の宗教 ････ 15

宗教はみんなのまわりにも
たくさんある！ ･･････････････ 16
季節の行事 ･･･････････････ 20
人生の儀式 ･･･････････････ 26
本・音楽 ･･･････････････ 28
インテリア・ファッション ････････ 30
スポーツ・おけいこ事 ･･････････ 32
イベント・学校 ･････････････ 34

コラム
日本人は無宗教？ ･･･････････ 36

2章 世界の宗教 ･･･････ 37

世界にはさまざまな宗教がある！ ････ 38

仏教 ･･･････････････ 40
こうして仏教は生まれた！ ･･････ 41
仏教の教え ･･･････････ 42
のぞいてみよう！ 悟りの世界 ････ 44
仏教の広がり ･･･････････ 46
知りたい！ 仏教徒ライフ ･･････ 48
仏教が生んだ文化 ･･････････ 50

コラム
お寺で見ればすぐわかる！ 仏像の4タイプ ･･ 51

キリスト教 ･･････････ 52
こうしてキリスト教は生まれた！ ･･ 53
キリスト教の教え ･･･････････ 54
のぞいてみよう！ 聖書の世界 ････ 56
キリスト教の広がり ･･････････ 58
知りたい！ キリスト教徒ライフ ･･ 60
キリスト教が生んだ文化 ･･･････ 62

コラム
修道士・修道女ってどんな人？ ･･････ 63

イスラム教 ･･････････ 64
こうしてイスラム教は生まれた！ ･･ 65
イスラム教の教え ･･･････････ 66
のぞいてみよう！ 礼拝・巡礼の世界 ･･ 68
イスラム教の広がり ･･････････ 70
知りたい！ イスラム教徒ライフ ･･ 72
イスラム教が生んだ文化 ･･･････ 74

コラム
日本にくらすイスラム教徒 ･･････････ 75

ヒンドゥー教 ・・・ 76
- こうしてヒンドゥー教は生まれた！ ・・・ 77
- ヒンドゥー教の教え ・・・ 78
- 知りたい！ ヒンドゥー教徒ライフ ・・・ 80
- ヒンドゥー教のお祭り ・・・ 81

ユダヤ教 ・・・ 82
- こうしてユダヤ教は生まれた！ ・・・ 83
- ユダヤ教の教え ・・・ 84
- 知りたい！ ユダヤ教徒ライフ ・・・ 86
- 大切な行事・儀式 ・・・ 87

神道 ・・・ 88
- こうして神道は生まれた！ ・・・ 89
- 神道の教え ・・・ 90
- のぞいてみよう！ 神社ってこんな場所 ・・・ 92
- 神道の主な行事 ・・・ 93

いろいろな宗教
- 儒教 ・・・ 94
- 道教 ・・・ 95
- ゾロアスター教・ジャイナ教 ・・・ 96
- シク教・ブードゥー教 ・・・ 97
- 日本の新宗教
- 天理教・大本・立正佼正会・創価学会 ・・・ 98

3章 そもそも宗教Q&A ・・・ 99

- そもそも、神様って本当にいるの？ ・・・ 100
- 宗教を「信じる」ってどういうこと？ ・・・ 102
- 死んだらどうなるの？ ・・・ 104
- おばけやゆうれいも、宗教なの？ ・・・ 106
- お祈りとお願い、おまじないって、どうちがうの？ ・・・ 108
- 宗教を信じていると、何かいいことあるのかな？ ・・・ 110
- 宗教同士の戦争や、宗教に関する事件が起きるのは、どうして？ ・・・ 112

おわりに
もういちど…
宗教って、なんだろう？ ・・・ 116

資料編

1. 世界三大宗教をくらべてみよう ・・・ 118
2. 宗教カレンダー ・・・ 120
3. 宗教の歴史とつながり 〜アジア〜 ・・・ 122
4. 宗教の歴史とつながり 〜アメリカ・ヨーロッパ・中東〜 ・・・ 124

さくいん ・・・ 126

はじめに

この本は、宗教について解説した本です。

でも、そもそも宗教って、何なのでしょうか？　6、7ページをちらっと見てみてください。

ああ、こんなのが宗教なのか……と、イメージがつかめましたか？

日本では、ほとんどの人が宗教のことを意識せずにくらしていますが、

海外には宗教をくらしの指針としている人々がたくさんいます。

海外との交流が増え、日本でくらす外国人も増えていますので、みなさんも、

宗教のことを知っておいたほうがいいでしょう。序章には、そんなことが書いてあります。

1章では、わたしたちの毎日のくらしの中にとけこんでいる宗教をながめていきます。

ふだん目にしているなにげないものや、くらしの中の習慣、行事の中に、

宗教から生まれたものが多いことに気づくでしょう。

2章では、仏教、キリスト教、イスラム教、神道など、世界の宗教の主なものを、

少しくわしく見ていきます。これらの伝統は、大昔から受けつがれている「知恵の文化」です。

それぞれことなる物語と、人生についてのさまざまな教えをもっています。

世界の宗教をながめていくことは、世界の地理や歴史を知ることと重なっています。

3章は、宗教に関する、よくあるぎもんを取りあげています。

神様を「信じる」とはどんなことなのか？　なぜ祈るのか？

宗教の「救い」にはどんな意味があるのか？　なぜ宗教はときどき争いを生むのか？

こうしたぎもんに対しては、いろいろな角度から、いろいろな答えがあります。

みなさんも、大人になるまでに、いや、大人になっても、自分なりの答えを見つけるために、

問いつづけていくことが大切です。この章は、そのためのきっかけとなるでしょう。

この本では、宗教を人類の大切な文化としてあつかっています。

まずは、楽しく、気楽に読んでみてください。

世界の文化についての興味が増すこと、うけあいです。

グッド・ラック！

監修　中村圭志（宗教学者）

序章

宗教ってなに？

宗教についてくわしく見ていく前に、
まず、わたしたちにとって宗教とはどんなものなのか、
なぜ知っておくとよいのかを、理解しておきましょう。
宗教は「遠い国のふしぎな文化」……なのでしょうか？

わたしには あまり 関係ないかも…？

ちょっと 待つのじゃ〜

いえば…？

宗教と聞いて、このようなものをイメージしたとしたら、大正解！
ここにあるものは、たしかに宗教と関係のあるものばかりです。
でも、「だから、自分にはあまり関係ないな」と思っているとしたら、
それはまちがいです。なぜなら……

じつは、世界は宗教だらけ！

みんなが住んでいるこの世界は、宗教であふれているからです！
海の向こうに少し目を向けてみれば、宗教に関わるもの、人、
宗教にまつわる場面、ニュースがとてもたくさんあることがわかります。
こんな人、こんな場面、テレビや本などで、みんなも見たことありませんか？

写真：ロイター／アフロ

アメリカでは、国民の多くがキリスト教という宗教を信仰しています。新しく大統領になる人は、キリスト教の教典・聖書に手をおいて、誓いの言葉をいいます。

キリスト教でクリスマスと同じくらい大切にされている「イースター」というお祭りのようすです。キリスト教の国では学校や会社も休みになり、家族でお祝いします。

あ、こういうの、前にテレビで見たことある！

アフリカの北部やイラン、イラクなどの中東、東南アジアなどに多くの信者がいるイスラム教では、1日に5回、神様への祈りがささげられます。イスラム教徒にとって、お祈りは生活の一部です。

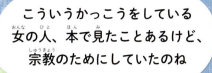
こういうかっこうをしている女の人、本で見たことあるけど、宗教のためにしていたのね

イスラム教では、女性は「つつしみ深い服装をした方がよい」とされています。そのため、イスラム教徒の女性は、このように布で顔や体をおおい、肌をあまり見せないかっこうをした人がたくさんいます。

タイでは、国民のほとんどが仏教という宗教を信仰しています。仏教のお寺に入り、修行をしている僧侶たちは、とても尊敬されています。

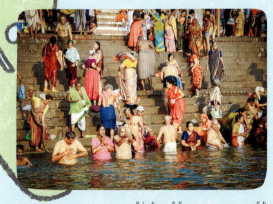

インドでは、インドの北部を流れるガンジス川の水は「聖なる水」であり、沐浴すればすべての罪を清めてくれると信じられています。そのため、川をおとずれ、沐浴する人が1年中たえません。

どうですか？ 世界のたくさんの国で、さまざまな宗教が信じられ、多くの人たちが、その宗教とともにくらしていることがわかったと思います。「国民のほとんどが、何らかの宗教を熱心に信じている」という国が、世界の半分以上をしめているのです。

でも、日本に住んでいるぼくたちには、あまり関係ないよね？

世界は広くてせまい!?

遠い国の人がどんな宗教を信じ、どんなくらしをしていても、日本にいるわたしたちにはあまり関係がないように思えるかもしれません。でも、広くて遠いはずの世界は、近年、どんどん身近になってきています。どういうことなのでしょうか?

日本でくらす外国人は増えている

　町中や電車などで、外国人を見かけたことがあるという人は多いでしょう。海外から来た先生に英語を習っている、クラスや近所に外国人の友だちがいるという人もいるかもしれません。

　日本に住む外国人の数は年々増えていて、2018年末には過去最多の約273万人を記録しました。これからも、どんどん増えていくと予測されています。

　273万人といえば、日本に住むだいたい100人にふたりが日本以外の国の出身ということ。「外国人はめずらしい」という時代は終わり、町中はもちろん、学校にも職場にも、世界のあちこちから来た人たちがいるのが当たり前という時代が、すでに始まっているのです。

日本に住む外国人の数の移りかわり

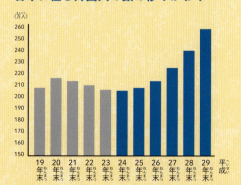

出典：法務省入国管理局「在留外国人の推移（総数）」(2018年3月)

みんなが「世界」の一員

　外国人と会ったり、話をしたりするだけでなく、わたしたちはさまざまなものを通して、日々、世界の国々と関わっています。海外で作られた農作物、衣類、電化製品などは、わたしたちがくらすうえで欠かせないものです。また、テレビやインターネットでは、外国の音楽やテレビドラマ、映画などをかんたんに楽しめます。タブレットやスマートフォンが広まったことで、SNSや動画投稿サイトを通して、だれもが世界中に向けて情報を発信したり、受けとったりできるようになりました。外国の文化や生活を知る機会もぐっと増えています。

　今や、どんな人も、どんなニュースも、どんな流行も、「世界と無関係」なものはありません。日本も、日本でくらすわたしたちも、世界の一部なのです。

宗教はくらしの一部

新しく知りあった人となかよくなりたいと思ったとき、あなたはどうしますか？
きっと、まずはあいさつをして、自己しょうかいをしますね。それからいっしょに遊んだり、話したりしながら、好きなものや苦手なこと、学校や家族のことなど、おたがいを知っていくでしょう。そのとき、相手の宗教についてまったく知らないと、ちょっとこまったことになるかもしれません……。

宗教を知ることは、相手を知ること

ここに登場した子どもたちには、それぞれ大切にしている宗教があります。大切にしている度合いは人によってちがうかもしれませんが、みんな宗教がくらしの一部になっていることに、変わりはないようです。毎朝、毎晩歯みがきをしたり、ごはんの前に「いただきます」というのと同じように、お祈りをしたり、神様に感謝したりすることが日々の生活に組みこまれているという人が、世界にはたくさんいるのです。

もし、宗教の知識があれば、ここでの会話にもっと参加できたかもしれません。また、さまざまな誤解も生まれずにすんだかもしれません。

宗教について知ることは、相手の大切にしていることや、考えかたを知ることにもつながります。育ってきた環境や、文化、習慣を知ることでもあります。世界中の人とコミュニケーションをとろうとするとき、宗教の知識は、わたしたちの強い味方になってくれるのです。

1章

くらしの中の宗教

宗教は、じつはわたしたちがくらす家の中や町の中、
みんなですごす楽しい時間の中にも、
いろいろな形で、たくさん見つけることができます。
まずは、身近にある宗教について知ることから、始めてみましょう！

宗教はみんなのまわりにもたくさんある！

「世界には宗教があふれている」というけれど、では、みんなのまわりはどうでしょうか？
「うちは何の宗教も信じていないから、宗教に関係のあるものなんて、何もないよ」
という人、ちょっと待って！　この絵は日本でよくある家庭のようすですが、じつは、
この絵の中に、宗教に関係しているものがあります。いくつあるか、さがしてみてください。

答えは……15こ！

① カレンダー → P.25 へ
② 結婚式 → P.26 へ
③ 七五三 → P.27 へ
④ 本 → P.28 へ
⑤ 音楽 → P.29 へ
⑥ クリスマス → P.20 へ
⑦ 相撲 → P.32 へ
⑧ ヨーガ → P.33 へ
⑨ クロスのネックレス → P.31 へ
⑩ 床の間 → P.30 へ
⑪ 仏壇 → P.30 へ
⑫ 神棚 → P.30 へ
⑬ バザー → P.35 へ
⑭ かがみもち → P.21 へ
⑮ タイル → P.31 へ

タイルと宗教にどんなつながりがあるのかなあ？

さあ、みんなは、いくつ見つけられましたか？思ったよりもたくさんあって、おどろいたかもしれません。じつは、みんなの家の中、くらしの中には、こんなふうに、宗教に関わるものがたくさんかくれているのです。

日本は、古くからあった神道などの宗教に加え、仏教やキリスト教など、外国から入ってきたさまざ

ゴッドンはかせの「ちょっといわせて！」

祈るだけが宗教じゃない！

　この1章で見ていくのは、みんなのくらしの中にとけこんだ「宗教」の形じゃ。じつは、神様を信じて一生懸命お祈りをしたり、きびしいルールを守ったりすることだけが宗教ではない。何かの宗教を信じている人はもちろん、信じていない人の生活にも、宗教の考えかたや習慣が自然ととけこんでいることがあるのじゃ。

　たとえば、子どもが成長したときや結婚するときなど、人生の大きなできごとをむかえるときに、「〇〇式」などの儀式をする人は多い。それぞれのもとをたどれば、宗教的な伝統や意味があるのじゃが（→P26）、そんなことは知らずに儀式を行う人もいるだろう。季節の行事や、お祭りなども同じじゃな。

　宗教について考えるときには、一人ひとりの心のことだけではなく、「文化」や「習慣」といった、大きな意味もあると知っておくと、理解しやすくなるぞ。

まな宗教の影響を受けながら、今日まで、その生活や文化を作りあげてきました。だから、わたしたち日本人は、ほとんど気がつかないうちに、毎日さまざまな宗教と関わりながらくらしているのです。

　では、ここであげたものが、じっさいにどんな宗教と、どんなふうに関わっているのか、これから見ていきましょう！

19

季節の行事

みんなが毎年楽しみにしている、クリスマスやお正月、盆おどりなどの季節の行事も、じつは宗教と関係しているものがたくさんあります。

12月 クリスマス

ツリーをかざり、ケーキを食べ、子どもはプレゼントがもらえるクリスマス！ みんなも大好きなこの日は、**キリスト教**（→P52）で定められている祝日のひとつです。**イエス・キリスト**がこの世に生まれたことを祝う行事ですが、もともとは、これから少しずつ日が長くなっていく「冬至」をお祝いする日でした。そのすごしかたは、国や地域によってちがいはあるものの、教会で行われる特別な**ミサ**や礼拝に参加したり、自分の家で家族とのんびりすごしたりすることが多いようです。日本では、今から100年ほど前から、冬のイベントとして知られるようになり、キリスト教の祝日とはあまり意識されないまま、今日まで日本流のクリスマス文化が作りあげられてきました。

教会では、おごそかな雰囲気の中で、クリスマスの礼拝が行われる

教会にかざられる、イエスが生まれたときのようすを表した人形

サンタクロースの正体は？

赤い服に、白いおひげのおじいさん。そんなイメージのあるサンタクロースですが、イギリスでは「ファザークリスマス」とよばれ、もともとは緑色の服を着ていました。ドイツでは、サンタクロースは双子で、ひとりは赤と白の服を着て子どもにプレゼントを配り、もうひとりは茶色の服を着て、悪い子におしおきをするという言い伝えがあります。そもそも、サンタクロースのモデルとなったのは、大昔のえらい司教「聖ニコラウス」という人物。オランダ語では「シンタクラース」と発音され、これがアメリカに伝わって「サンタクロース」とよばれるようになったといわれています。

除夜の鐘

12月31日、おおみそかの日の深夜、日にちが変わって新年をむかえるころになると聞こえてくる、鐘の音。これは「除夜の鐘」といって、お寺で行われる**仏教**（→P40）の行事です。鐘をつくことで、迷いや苦しみといった**煩悩**をはらい、きれいな身となって新年をむかえるために行います。仏教では、人は108つの煩悩をもつといわれているため、多くのお寺では鐘を108回ついて、すべての煩悩をはらい落とします。

除夜の鐘は僧侶がつくが、お寺によっては、おまいりに来た人に鐘をつかせてくれることもある

1月

神社におとずれるたくさんの初詣客

神様への願いごとを絵馬という札に書いておさめる人も多いぞ

初詣

年が明けてお正月をむかえたら、近くの神社やお寺へ家族で初詣に出かけるという人も多いと思います。神社は**神道**（→P88）のさまざまな神が、お寺は**仏教**のさまざまな仏がまつられている場所なので、本来なら、神社かお寺か、自分が信じている方へおまいりに行くのですが、あまり気にしない人もたくさんいます。初詣は、それらの神や仏に、1年間、無事にすごせたことへの感謝と、新しい年も元気にすごせますようにという願いを伝えるために行う儀式なのです。

おぞうにを食べるのは…？

お正月におぞうにを食べるのも、神道と関係があります。そもそも、お正月は「年神」という神道の神を家にむかえるための行事で、門松などは年神がよってくるようにと玄関にかざるもの。かがみもちは、年神へのおそなえ物として用意します。そのかがみもちを、神のお下がりとして煮て食べたのが、おぞうにの始まりです。

冬 2月

節分

「鬼は外、福は内！」といいながら、煎った豆をまき、悪いものを追いはらう節分の豆まき。じつはこの豆、桃のかわりだったのです。神社では豆まきをする前に神にささげて、「桃の実の力をこの豆にさずけてください」とお祈りをします。

なぜ桃なのかというと、中国の道教（→P95）という宗教で、桃は「悪いものをはらう植物」とされていて、その考えかたが昔の日本に伝わったためです。日本のもっとも古い歴史書『古事記』にも、悪い霊を追いはらうために桃を投げる場面があり、そこから「桃太郎」のお話も生まれました。

平安時代には、宮中で、桃の木で作った弓矢などで鬼を追いまわす儀式が行われていました。それが、ふつうの人々にも広まる中で、桃から手に入りやすい大豆へと変わっていったのです。

バレンタインデー

> 海外では「愛」という花言葉をもつバラの花束を贈ることが多いようじゃ

バレンタインデーは、「聖バレンタインの日」といって、キリスト教で聖人とされる聖ヴァレンティヌスという人物を記念する日です。それがなぜ日本では、「チョコレートを贈る日」になったのでしょう？

当時、ヨーロッパ一帯を支配していたローマ帝国の皇帝・クラウディウス2世は、兵士たちが結婚して家族をもつことを禁止していました。兵士たちをかわいそうに思った聖ヴァレンティヌスは、かくれて教会で結婚式を行っていましたが、皇帝にばれてしまいます。しかし、それでも結婚式をやめなかった聖ヴァレンティヌスは処刑されることに。その処刑が行われた日が、2月14日でした。

ここから、西ヨーロッパなどで、愛しあう人たちが花やカードを贈りあう日となり、日本でも広く知られるようになったのが、今から40年ほど前。チョコレート会社が「バレンタインにはチョコレートを贈ろう」などと宣伝したことから、「チョコレートを贈る日」として定着していったのです。

春(はる)

3〜5月 イースター

日本でも少しずつ知られるようになってきたイースターは、**キリスト教**でとても大事にされている**復活祭**というお祭りです。十字架にかけられて死んだ**イエス・キリスト**が、その3日後に復活したことを祝う日で、教会で特別なミサや礼拝が開かれ、カラフルに色付けした卵、イースター・エッグが配られます。

イギリスやアメリカ、ドイツなどでは、その卵をイースター・バニーとよばれるうさぎがかくすといういい伝えがあり、イースターの日の朝、子どもたちは庭にかくされた卵を探す、エッグハントを楽しみます。卵は「新しい命」＝復活と、豊作のシンボルであることから、春を祝う行事もかねて、このような習慣が生まれたといわれています。

教会の庭などで行われる、エッグハントのようす。子どもたちも大好きな行事

3月 お彼岸

彼岸とは**仏教**の言葉で、迷いや苦しみの向こうにある**悟りの世界**（浄土）(→P44)のことです。年に2回、昼と夜の長さがほぼ同じになる春分と秋分の日を中心にした7日間が彼岸の期間とされ、この間に、先祖のお墓やお寺におまいりしたり、よいことを行ったりすれば、彼岸に行けると考えられています。軽くついたごはんをまとめて、あんこなどでくるんだおそなえものは、春には春の花、ぼたんにちなんで「ぼたもち」、秋には秋の花、萩にちなんで「おはぎ」と、よび名が変わります。

4月 花祭り

毎年4月8日に行われる花祭りは、**灌仏会**ともいわれ、**仏教**を開いた**釈迦**の誕生を祝うお祭りです。ちょうどサクラがさく季節なので、「花祭り」とよばれるようになりました。

この日、お寺には甘茶を満たしたおけがおかれ、真ん中に釈迦の像をおいて、おまいりに来た人は甘茶をひしゃくですくって釈迦にかけます。これは、釈迦が生まれたとき、9頭の龍が天から清らかな水を注ぎ、産湯にしたという伝説にもとづいたならわしです。

釈迦のポーズは、生まれたとき、右手で天、左手で地を指し「天上天下唯我独尊」といったという伝説にもとづく

夏 7・8月

お祭り・おみこし

「わっしょい、わっしょい」「えっさー、ほいさ」……勇ましいかけ声とともにかつがれるおみこし、たくさんのちょうちんに、おいしそうな屋台。そんな楽しいお祭りの主役は、じつは神です。ふだんは**神社**にいる神に、少しの間おみこしに乗ってもらい、地域を回って悪いものを清めてもらうというのが、お祭りの本来の目的です。

神の乗り物であるおみこしは、全国にさまざまな形があります。かつぎかたも、神に気もちよく乗ってもらえるよう、静かにかつぐ場合や、豊作や大漁を願ってはげしくふり動かす場合など、地域によってさまざまです。

8月 お盆

8月に入ると、「お盆休み」「お盆の帰省ラッシュ」といった言葉をよく耳にするようになりますね。お盆とは、なくなった**先祖の霊**がもどってくるとされる期間のこと。この間に、お墓まいりをしたり、家におそなえものやちょうちんをかざって、先祖の霊をおもてなしするのが習慣となっています。日本にもともとあった、霊を信じる文化（**アニミズム**→P 105）と、**仏教**の**盂蘭盆会**とよばれる、なくなった人をしのぶ行事とが合わさって生まれました。

先祖の霊が家にもどってきやすいよう、道の草刈りをしたり、迎え火や送り火をたいたり、精霊馬とよばれる、野菜で作った動物を用意したりするなど、お盆のむかえかたは地域によってさまざま。7月にお盆をする地域もあります。

盆おどりは、お盆で帰ってきた霊をなぐさめ、送りだすための行事。平安時代に始まった、おどりながら念仏を唱える「踊念仏」が、盂蘭盆会と結びついて、今のような形になったといわれている

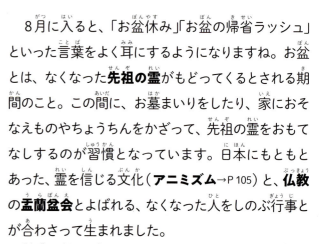

10月 ハロウィン

秋

ハロウィンの始まりは、ヨーロッパや今のイギリスあたりにいた**ケルト人**たちが、悪い霊などから身を守るために行っていた宗教的な行事です。ケルト人にとって、10月31日は1年の終わりの日でした。その夜は、あの世とこの世をつなぐ門が開くと信じられていたため、先祖の霊をむかえると同時に、やってくる悪い霊や魔女たちから身を守るため、仮面をかぶり、魔除けのたき火をしたのです。その年にとれた作物などをそなえ、収穫に感謝する意味もありました。

この風習が一部の地域で残り、後にアメリカに伝わって「おかしをくれなきゃいたずらするぞ（トリック・オア・トリート）」のかけ声が生まれ、世界に広まっていきました。

メキシコのお盆？「死者の日」

日本のお盆とも、ハロウィンともよく似た行事が、メキシコにもあります。死者の日とよばれ、毎年10月31日からの3日間は、先祖の魂がこの世にもどってくるとされます。各家庭では、先祖の写真や好きだったものなどをかざった祭壇を用意し、お墓もきれいにかざりつけて、その前でごはんを食べるなど、にぎやかにすごします。

メキシコに古くからある風習で、もとは8月の行事でしたが、スペインの侵略を受け、キリスト教が入ってきてからは、キリスト教の「諸聖人の日」という祝日と合わせて、10月末から11月にかけて行われるようになりました。

死者の日を祝う間、町はカラフルな切り絵やガイコツの人形、マリーゴールドの花びらなどで、はなやかにいろどられる

1週間が7日の理由

1週間は7日間で、日曜日はお休み。今では当たり前のこのルールですが、その起源は**ユダヤ教**（→P82）にありました。ユダヤ教では、この世界はすべて神がつくったとされ、神は1日目に天と地をつくり、2日目には空、3日目には大地と海……そして6日目に人をつくると、7日目は休んだといいます。ここから「6日働き、1日休む」というルールが生まれました。ユダヤ教から分かれてできたキリスト教でも、この考えかたが受けつがれたため、キリスト教の発展とともに、7日間を1週間とするルールが世界に広まりました。

人生の儀式

生まれてから死ぬまでに経験する儀式の中には、宗教と関係のあるものも多くあります。ふだんは意識しなくても、儀式があると、神や死後の世界のことを考える人も多いようです。

結婚式

昔の日本では、結婚のときは新郎新婦どちらかの家で、両家が集まってかんたんにすますことがふつうでした。明治時代に、後の大正天皇がご結婚されるとき、神の前で誓いを立てる結婚式が行われると、一般の人たちの間にも広まっていきました。その後、仏教を信じる人は仏教式、キリスト教を信じる人はキリスト教式で行う例が増えていきましたが、近年では、その宗教を信じている、いないにかかわらず、好きなスタイルを選んで結婚式をあげることが多くなっています。

神道
神社などで、神主の導きにより、神に結婚を報告して、これからもお守りくださいとお願いをする

仏教
お寺などで、僧侶とともに仏や先祖に結婚を報告して、僧侶からありがたいお話を聞いたりする

キリスト教
教会などで、牧師や神父が進行役となり、これから夫婦になることを神に誓う

その他
宗教とは関係なく結婚式をあげたい人が選ぶ、人前式。参加者たちからの拍手などで、「結婚がみとめられた」ことをしめす

お宮まいり

子どもが生まれて1か月をすぎたころ、近くの**神社**におまいりして、その土地の守り神である産土神に無事に生まれたことを報告する儀式です。この地域の「新メンバー」として正式にみとめてもらい、成長を見守ってくれるようお願いをします。

地鎮祭

家を建てたり、工事をしたりする前に、その土地の神にあいさつをし、土地を使う「ゆるし」をもらう儀式です。近くの神社の**神主**（→P93）が式を行います。

仏教でも、家を建てる前に起工式という儀式を行うことがあります。

米や酒など、神へのおそなえものをかざり、そのまわりにしめ縄をめぐらせる

七五三

地域によってちがいますが、男の子は3歳と5歳、女の子は3歳と7歳になる年の11月15日に、その子の元気な成長を祝って**神社**などをおまいりする儀式です。

昔は、医療が発達していなかったこともあり、幼くして死んでしまう子どもがたくさんいました。そのため、「7つまでは神のうち」といわれ、7歳までは命の半分は神のものだと考えられていたのです。そこから、3歳、5歳などの節目の年に、ここまで成長できたことを神に感謝し、7歳には、ようやくあぶない時期を乗りこえたことを祝うようになりました。

お葬式

結婚式と同じように、お葬式も宗教ごとに決まった形式があるので、なくなった人の信じる、もしくはいちばん親しみのあった宗教の決まりにしたがって、行うことになります。

日本の家庭は、仏教の何らかの宗派に属していることが多いので（**檀家制度**→P47）仏教式のお葬式を行う人が多いようですが、神道式、キリスト教式などで行う人もいます。最近では、どの宗教にもよらず、お別れ会という形で自由にお葬式を行う人も増えています。

仏教

なくなった人の成仏を祈って、僧侶がお経を読んだり、参加した人みんなでお香をたく「お焼香」をしたりする

キリスト教

なくなった人は神のもとに行くとされるため、死ぬことを不幸だとは考えない。讃美歌を歌ったり、みんなでお花をそなえる「献花」をしたりする

本・音楽

『かさじぞう』（日本の昔話）

雪のふるおおみそか、おじいさんはお正月のおもちを買うために、町にかさを売りに行きました。しかし、まったく売れません。その帰り道、雪をかぶって寒そうなお地蔵様がならんでいるのを見つけたおじいさんは、持っていたかさをかぶせてあげました。するとその夜、家の前に山のようなごちそうがとどきます。遠くには、あのお地蔵様たちのすがたがあったのでした。

地蔵は仏のひとつで、人々を救うとされています。地蔵によいことをしたおじいさんが幸せになるお話は、仏教の「正しい行いをすれば、よいことが起こる」という**因果応報**の考えかたにもとづいています。

『フランダースの犬』（作・ウィーダ）

どんなにつらくてもまわりへのやさしさを忘れなかったネロが、最後に天国へ行ったというのは、**キリスト教**の考えかたをよく表しています。ネロが見たかった絵も、イエスが十字架からおろされる場面をえがいた宗教画でした。

少年・ネロは、おじいさんと、すて犬だったパトラッシュとくらしています。絵が好きなネロは、教会にある有名な絵をひと目見たいのですが、見るためのお金がありません。そして、おじいさんがなくなって家を追われ、絵のコンクールにも落選したネロは希望を失い、雪の中、教会へむかいます。ずっと見たかった絵を見ることができたネロはほほえみ、パトラッシュとともに天にのぼりました。

『注文の多い料理店』（作・宮沢賢治）

ふたりの紳士が狩りで山に入ると、空気が急にあやしくなります。すると、「山猫軒」という店が。「当店は注文の多い料理店です」という注意書きがあり、それからドアを開けるたびに「服をぬげ」などの注文が続きます。最後に「体に塩をぬれ」という注文を見たふたりは「食べられてしまう！」と気づき、恐怖におびえます。そこへ自分たちの猟犬が飛びこんできて、気づくと店は消えていました。

すべての自然には神が宿るというのは、日本の**神道**の考えかたです。楽しみのために動物を殺す人間が、山の神である山猫にこらしめられるこのお話は、動物も人間も命は同じとする**仏教**の教えに影響されたものでもあります。

よく知られている物語や音楽の中には、
ある宗教の考えかたや教えなどの影響を受けているものもあります。
そのような作品の例を、いくつかしょうかいしましょう。

『クリスマス・キャロル』（作・チャールズ・ディケンズ）

クリスマスの前夜、ケチでつめたい老人スクルージのもとに、3人の幽霊が現れます。ひとり目は、まだ夢をもっていた昔の自分を、ふたり目は、スクルージが雇う事務員ボブの貧しくも温かい家庭を見せます。最後の幽霊が見せたのは、未来。かれの死を悲しむ者はなく、墓は荒れはてたまま…。現実にもどったスクルージは、ボブの家にごちそうやお金を贈り、あたえる喜びを知るのでした。

クリスマスは**キリスト教**の行事です。スクルージを導く幽霊は、神の使い、**天使**ともとれます。愛のない人生は不幸であること、反対に、人に愛をあたえることは自分の喜びにもなるという教訓に、キリスト教の教えが生きています。

『くもの糸』（作・芥川龍之介）

仏はカンダタにチャンスをあたえますが、反対に、かれの「自分だけ助かればいい」という思いやりのない心が明らかになり、救いへの道は閉ざされます。欲を捨てることで救われるとする、**仏教**の考えかたがよく表れたお話です。

ある日、仏が極楽から地獄を見下ろすと、罪人たちの中にカンダタという男がいました。かれはどろぼうでしたが、一度くもの命を助けたことがありました。仏は、1本のくもの糸を下ろします。カンダタはつかんで登りはじめますが、他の人々も続いてきます。重みで糸が切れると思い、「この糸はおれのものだ。下りろ！」とさけぶカンダタ。すると糸は切れ、かれは再び地獄へ落ちてしまいました。

おなじみのあのメロディーは讃美歌？

讃美歌とは、キリスト教の礼拝などで歌われる、神をたたえる歌のことです。日本でも唱歌「シャボン玉」のように、讃美歌の影響を受けた作品がたくさんあります。アメリカ民謡「リパブリック讃歌」はキリスト教的な内容をもちますが、日本では讃美歌としてしょうかいされ、さらに「おたまじゃくしはカエルの子」「権兵衛さんの赤ちゃん」などの替え歌が作られました。

クリスマスソングとして聞くことが多い「きよしこの夜」や「もろびとこぞりて」も、讃美歌なのじゃ

タイル

おふろやキッチンなどに使われることが多いタイル。**イスラム教**の寺院、**モスク**（→P72、74）をかざるものとして、なくてはならないものであり、その技術はイスラム教とともに発展してきました。

イスラム教では、神をかたどった像や絵画を禁止しています。そのかわり、アラベスクとよばれる、タイルがえがき出す図形的なもようによって、イスラム教の世界観を表現しているのです。

ステンドグラス

さまざまな色や形のガラスのかけらを組みあわせて、絵やもようを表現するステンドグラスは、**キリスト教**の教会の窓をかざる技術として生まれ、発展してきたものです。イエス・キリストや聖母マリア、聖書の一場面などをえがくことで、その教えをしめすとともに、教会にさしこむ光を美しく見せています。

ドイツのケルン大聖堂のステンドグラス

クロスのネックレス

クロス（十字架）は、**キリスト教**の教会の屋根やかべなどについていることから、キリスト教のシンボルマークであることは多くの人が知っているでしょう。

この形は、イエス・キリストが処刑されたとき、はりつけにされた十字架を表したもの。キリスト教の信者にとって十字架は、そのときイエスが受けた苦しみと、その後の復活をしめすシンボルであり、これを身につけることは、イエスを信じていることの証でもあります。

鈴

キーホルダーなどに付いていることが多い鈴ですが、宗教的な由来があります。**神社**でおまいりをするときに、ひものついた大きな鈴を鳴らすことがあります。これは、おまいりに来たことを神に知らせるために行うもの。また、鈴の音には、悪いものをはらう力があると考えられているので、おまいりする人を清める意味もあります。**キリスト教**でも、ベルを魔除けとして鳴らす習慣があります。

スポーツ・おけいこ事

日本に古くからあるスポーツやおけいこ事には、神道や仏教などの宗教から影響を受けながら、受けつがれてきたものが多くあります。また、海外からしょうかいされ、日本で人気になっているスポーツにも、宗教的な由来をもつものがあります。

> 目に見えない精霊と勝負する、ひとり相撲が行われている地域もあるぞ。精霊が勝てばその年は豊作とされるから、人がわざと負けるのじゃ

相撲

相撲の起源は、日本でいちばん古い歴史書『日本書紀』や『古事記』に記されている神同士の力くらべだとされています。その後、天皇の前で出し物として行われてきましたが、やがて、**神社**で行われるお祭りとしても相撲がとられるようになりました。奉納相撲といって、その年、農作物がどれくらいとれるかを占ったり、神に豊作や大漁などを願ったりして行われるもので、この風習は今も全国各地に残っています。

日本相撲協会が主催する大相撲では、力士が土俵に入るとき、神社でおまいりするときのようにパンと音を立てて手を合わせたり、横綱がこしにしめ縄をまいたりと、神道とつながりがある作法を大切にしている

剣道・柔道

中学校の体育で必修科目にもなっている剣道と柔道。日本で生まれたものというイメージがありますが、その成立には、外国から伝わったさまざまな宗教が影響をあたえています。

剣道と柔道のどちらも、もともとは人と戦うために生まれた武術で、それぞれ剣術、柔術とよばれていました。しかし、やがて稽古を通して身体とともに精神をきたえる、人格をみがくことを第一の目的とするようになり、剣道、柔道とよばれるようになります。「道」は、中国の宗教、**道教**の考えかたからきていて、「人が通るべき道」という意味があります。剣道や柔道の、自分と向きあおうとする姿勢は、**仏教**と通じるものがあり、試合の前と後には礼をする、目上の人をうやまうなどの習慣には、やはり中国で生まれた**儒教**（→P94）の教えが影響しています。多くの道場に神棚があったり、武道の神をまつる神社があったりすることから、**神道**も無関係ではないでしょう。

わたしたち日本人のくらしがそうであるように、剣道と柔道も、さまざまな宗教のエッセンスを取りいれながら完成したものなのです。

自分に勝つ！

茶道

家にお客さんが来ると、お茶やおかしなどを出して、おもてなししますね。それと同じように、まねいたお客さんのためにお茶をたて、ふるまう作法をつきつめることで、芸術にまで発展させたものが茶道です。

茶道では、静かな茶室で心を落ちつかせ、ひとつひとつの動作に精神を集中し、客と心を通わせることを大切にします。これは、**仏教**の修行に通じるものがあり、とくに鎌倉時代に中国から伝わった**禅宗**（→P43）と、とても近い考えかたをもっています。ひたすら静かに**座禅**（→P45）を続け、自分と向きあうことで悟りを開こうとする禅宗は、茶道に大きな影響をあたえました。茶道を完成したとされる千利休も、座禅を学んでいたといいます。

ヨーガ

近年、身体も心も健康になれる運動として人気が高まっているヨーガ。呼吸を整え、リラックスしながら、さまざまなポーズをとりますが、基本となるのは、足を組んで座り、軽く目を閉じるポーズ。仏教の座禅とよく似ています。ヨーガは、仏教や**ヒンドゥー教**のさらに大もとである、インドに古くからある宗教の伝統的な修行のひとつで、心をコントロールするための方法です。仏教の座禅は、これをアレンジしたものなのです。

ヨーガを行うヒンドゥー教徒

スポーツ選手が試合前に指を動かすのは？

サッカーや陸上などの選手が、試合の前などに手を胸の前で動かして、何か書くような動作をしているのを見たことがありますか？

これは、「十字を切る（かく）」といい、キリスト教の信者が手をおでこ、胸、左かた、右かたの順（左右の順番は宗派によってことなる）に動かし、イエスがはりつけになった十字架の形をえがくことで、人間の罪を背負って死んでいったイエスを思い、その後、復活したイエスを「救世主」として信じていることを表す動作です。

サッカー選手がゴールを決めた後、十字を切るのは、神への感謝を表しているのでしょう。信じる人の心を落ちつかせたり、強めたりするのも、宗教のもつ役割のひとつといえるかもしれません。

イベント・学校

写経とは、釈迦の言葉などをまとめた**仏教**の経典を、手で書き写すことをいいます。昔、印刷の技術がまだなかったころ、本はすべて手書きでした。そのため、仏教の経典を増やし、教えを広めるために、写経がさかんに行われていました。

やがて写経は、悟りに近づくための修行や、なくなった人の供養のためにも行われるようになります。今では、一般の人たちが、心を落ちつかせるために写経を行うことも増えています。

フラは、ダンス、楽器のえんそう、歌などが合体した総合芸術。ハワイの人にとっては、古くから信じられている神にささげるおどりでもあります。

ラカという女神によって生みだされたという伝説があり、今も、その誕生を祝うお祭り「カフラピコ」が毎年開かれています。ただ美しいだけではなく、ハワイの人々の精神や歴史を表現するダンスなのです。

中国生まれの宗教、**道教や儒教**などがもつ**太極**という考えかたをもとにできた太極拳。太極とは、「宇宙にあるすべてのものの源」という意味で、ここからすべての陰と陽の気（パワー）が生まれるとされます。この気を体中にめぐらせ、それを使って戦う武術が太極拳なのです。

流派によっては、とびはねたり、足をふみならしたりと力強い動作も行われますが、やがてゆるやかな動きだけで構成した「二十四式太極拳」が作られると、だれもができる健康法として、世界中に広まりました。

それとは意識せずに参加した集まりやイベントが、じつは宗教的な背景をもっていた、ということも少なくありません。とある町の掲示板をのぞいてみましょう。

みんなでいらないものを持ちよって売り、その売上金を寄付するバザー。寄付をするという行いは、宗教と深いつながりがあります。

「チャリティー」という言葉を聞いたことがあるでしょうか。人類を広く愛する心「**博愛**」の精神にもとづき、社会のためになる活動にお金を寄付したり、こまっている人を助けたりする行動のことです。これは中世以降のヨーロッパで、**キリスト教**が習慣として定着させたものです。まわりの人を愛し、助けあうことを教えるキリスト教では、チャリティーを行うことは、そのまま自らの信仰をしめすことになります。仏教やイスラム教でも、貧しい人への寄付（喜捨）は行うべきものとされています。バザーやチャリティーの習慣は、宗教が根付かせたものだったのです。

仏教の僧侶は、その宗派によって、肉、魚などの動物性の食材を食べることができません。僧侶の生活を定めた決まりの中で、生き物を殺すこと（**殺生**）が禁止されているためです。

そこで、仏教のお寺では、お米などの穀物、野菜、豆類のみを使った精進料理を発展させてきました。近年、健康を考えて肉や魚を食べないベジタリアン（菜食主義者）が増える中、精進料理にも注目が集まっています。

このポスターは、**キリスト教**主義の学校のものですが、**仏教**や、その他の宗教の学校も全国にたくさんあります。もともとその宗教を信じていなくても、学校の教育方針などが気にいって入学する人も多くいます。宗教は、人が「どう生きるべきか」をしめし、その宗教が考える理想的な人生へと導くもの。教育とよく似たとくちょうをもっているため、宗教と教育は結びつきやすいのです。

精進料理教室

野菜をたっぷり使った、心にも体にもやさしい精進料理を作りましょう
講師・料理研究家・○○
毎週土曜日10時～　料金 2,000円
○○カルチャーセンター

コラム

日本人は無宗教？

日本には昔から、神道と仏教というふたつの宗教があります。しかし、「わたしは神道を信じています」「ぼくは仏教徒です」という人は少数で、「自分は信じる宗教をもたない、無宗教だ」と考える人の方がずっと多いのです。なぜでしょうか？

ひとつには、「宗教」という言葉のとらえかたのちがいがあります。「神や仏に祈ること」や「教えを熱心に守ること」を「宗教」だと考えている人が、「あなたは信じる宗教がありますか？」と聞かれたら、「え、そんなのないよ！」とあわてて答えてしまうでしょう。

でも、この1章で見たように、わたしたちは日々、宗教的な考えかたから生まれたものや、文化に囲まれてくらしています。とくに、日本人はお葬式や七五三などの儀式・行事を、とてもまじめに行う傾向があります。これらは宗教的な由来や意味をもつものですが、「宗教を意識して」というより「昔からの伝統として」行っている人が多いのです。このような、宗教にもとづく伝統を大切にくらすことも「宗教」と考えるなら、多くの日本人は「無宗教」とはいえないことになります。

もうひとつの理由は、日本人の生活にとけこんでいる宗教がひとつではなく、いくつもあるということです。年末年始、仏教のお寺で除夜の鐘を聞いた後、神道の神社に初詣に出かける人はたくさんいますが、そのような状況では、ひとつの宗教を「信じている」とはなかなかいいづらいですよね。

もちろん、中には「そんな行事も儀式も、いっさいやらない。自分は本当に無宗教なのだ」という人もいるかもしれません。でも、そんな人でも「霊」や「魂」の存在は信じていることがあります。霊や魂を信じる文化はアニミズム（→P105）とよばれ、すべての宗教の基本といわれています。人は死んで終わりではない。死んだ後も霊や魂は残り、空の上から家族を見守っている……。そう信じている日本人はたくさんいるのです。

無宗教といいつつ、さまざまな宗教の習慣を取りいれ、とくに仏教や神道の儀式はまじめに行い、アニミズム的でもある日本人。世界の中でも、じつはかなり宗教的なことに関心の高い国民だといえるかもしれません。

あなたは信じている宗教がありますか？

ない 72%
ある 28%

出典：統計数理研究所「日本人の国民性調査」（2013年）

宗教的な儀礼や霊の話が大好きな日本人だが、およそ7割の人は「宗教を信じていない、関心がない」と考えているようだ

2章

世界の宗教

わたしたちのくらしにとけこんでいた、
さまざまな宗教は、いったいどこで、どのようにして生まれ、
どのような教えをもっているのでしょうか。
ひとつずつ、くわしく見ていきましょう！

世界には さまざまな宗教がある！

この地球上には、世界のあちこちに信者がいるものから、一部の地域だけで信じられているものまで、さまざまな宗教があります。どのような地域で、どのような宗教が生まれ、信じている人がどれくらいいるのか見てみましょう。

- 中東で生まれた宗教… 中東
- インドで生まれた宗教… インド
- 東アジアで生まれた宗教… 東アジア
- 南アメリカで生まれた宗教… 南アメリカ

中東
キリスト教
信者数 約24億人
→52ページ

中東
ゾロアスター教
信者数 約12万人
→96ページ

インド
ヒンドゥー教
信者数 約10億人
→76ページ

中東
ユダヤ教
信者数 約1500万人
→82ページ

インド
シク教
信者数 約3000万人
→97ページ

中東
イスラム教
信者数 約17億人
→64ページ

インド
ジャイナ教
信者数 約300万人
→96ページ

インド
仏教
信者数 約5億人
→40ページ

宗教が生まれた場所って、中東、インド、東アジアの3つの地域に集まっているのね！

出典：『ブリタニカ国際年鑑2018年版』、『宗教年鑑2018』などより作成

※信者数は、宗教により数えかたがちがいます。

世界三大宗教

数ある宗教の中でも、**仏教**、**キリスト教**、**イスラム教**の3つは、**世界三大宗教**とよばれることがあります。この3つの宗教は信者数が多く、合わせると世界の人口の半分以上を占めます（→右のグラフ）。よく知られていて、社会や文化への影響も大きい宗教です。

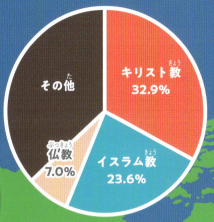

世界の人口（約75億人）の中で
世界三大宗教の信者が占める割合

- キリスト教 32.9%
- イスラム教 23.6%
- 仏教 7.0%
- その他

出典：『ブリタニカ国際年鑑2018年版』

東アジア
儒教
信者数
約630万人
→94ページ

じつは、信者の数だけでいえば、仏教よりもヒンドゥー教のほうが多いのじゃ。でも、ヒンドゥー教徒はほぼインドにしかいない。より広い地域で信仰される仏教が「三大宗教」に入っておるのじゃ

東アジア
神道
信者数
約9000万～1億人
→88ページ

キリスト教とイスラム教の信者って、本当にたくさんいるんだね！

東アジア
道教
信者数
約330万人
→95ページ

一神教と多神教

宗教を分類したり、そのとくちょうをしめしたりするときに、**一神教**、**多神教**という言葉が使われることがあります。一神教とは、「唯一の神を信じる宗教」という意味。多神教は「多くの神々をみとめる宗教」のことです。

神様はこれだけ！

一神教
キリスト教
イスラム教
ユダヤ教
など

神様がいっぱい！

多神教
仏教
ヒンドゥー教
道教
神道
など

南アメリカ
ブードゥー教
信者数
不明
→97ページ

では、次のページからさっそく、世界の主な宗教をくわしく見ていくぞ！

こうして仏教は生まれた！
~すべてを捨てて答えを求めた男の、はげしくも静かなる人生~

釈迦、本名ガウタマ・シッダールタはインドの釈迦族の王子として生まれた。

城で何不自由なく育ち、結婚。子どもをもうけたシッダールタは、幸せの中、しかし心に何かモヤモヤとしたものを感じていた。

城の外には、老い、病い、死などで苦しむ人たちがいる。わたしは、このままでよいのだろうか…

シッダールタ、29歳。城を出た。

そして…

心を静めて座り、思いをめぐらす瞑想を始めた。

しかし、苦行は心の迷いを消すことはなかった。シッダールタは、

仲間とともにあちこちさまよい歩き、自らを苦しめる苦行を6年間、続けた。

シッダールタ、35歳。かれは、悟った。

あらゆるものごとは、それ自体では「からっぽ」なのだ！

苦行の仲間たちは、かれの弟子となった。人々は、かれを「目覚めた者＝ブッダ」とよんだ。

仏教 誕生

その後は、多くの弟子とともにインド各地を回り、45年もの間、自らの教えを説きつづけた。そして…

なげくことなく、修行にはげみなさい

ブッダ、80歳。この世を去った。

入滅

残された弟子たちは、覚えていたブッダの言葉を「経典」の形にまとめ、仏教をさらに広めるべく、努力した。

王宮での快楽からも、体をいためつける苦行からもはなれた、釈迦の「中道」の生きかたが、今日も人々に悟りの救いをもたらしている。

完

仏教の教え

インドの釈迦が修行の末、悟りをひらいてブッダとなり、その修行方法を弟子たちに伝える中で始まったのが、仏教です。その教えをまとめると、こういうことになります。

1 仏教では、この世を、迷いや苦しみ（煩悩）の多い世界と考えています。つまり、「生きること」は「苦しいこと」なのです。

2 仏教の根本には、もともとインドで広く信じられていた輪廻という考えかたがあります。人は生と死を永遠にくり返し、その中で、よいことをたくさんすれば、次の生はよりよいものになり、悪いことをたくさんすれば、今よりも悪くなるという考えかたです。

仏教の大原則 四諦

苦諦 ➡ **集諦** ➡ **滅諦** ➡ **道諦**

- 苦諦：人生は苦しいものである
- 集諦：その苦しさの原因は、煩悩である
- 滅諦：めざすのは、煩悩を消し去ること
- 道諦：そのためには、八正道を守ることが大事

3 修行をしたり、さまざまな仏（悟った人やブッダ）を信じたりすれば、煩悩の世界からぬけだす（解脱する）ことができます。

4 煩悩になやまされない、いつもおだやかな心でいられる、悟りの世界へ！

ゴール！

修行・信仰

修行の方法は、仏教の種類によってさまざまです。

修行の基本

仏教がすすめる生活のおきて **八正道**

東南アジアでは、たくさんのおきてを守りながら、煩悩をよせつけない、まじめな生活を送るのが基本

① 正見
四諦
四諦とよばれる、仏教の大原則を忘れずにいる

② 正思
煩悩におちいるような考えかたをしない

③ 正語
うそをついたり、ばかげた話をしたりしない

④ 正業
命あるものを殺したり、人のものをぬすんだりしない

⑤ 正命
自分に合ったくらしをして、ぜいたくをしない

⑥ 正精進
いつもよいことをして、悪いことをしない

⑦ 正念
いつも自分の心や体を、注意深くチェックする

⑧ 正定
目を閉じて静かに思いをめぐらす瞑想を正しく行う

とくに日本では…

密教では…
瞑想し、真実の言葉、真言を唱える

禅宗では…
足を組んで静かに座り、心をからっぽにする座禅を行う

浄土信仰では…
「南無阿弥陀仏」という念仏を唱える

法華信仰では…
「南無妙法蓮華経」という題目を唱える

のぞいてみよう！ 悟りの世界

仏教を信じる人たちが、おきてを守るきびしい生活をしたり、瞑想や座禅をしたり、念仏や題目を唱えてめざそうとする「悟りの世界」。いったい、どんな世界なのでしょうか。ちょっとのぞいてみましょう！

空

仏教では、すべてのものごとは「空＝からっぽ」であると考えます。もともと、そのもの自体は意味をもたず、ほかのものと関わることで、初めて意味をもつという考えかたです。たとえば……

 わたしは姉です
→ もし、弟が生まれなかったら……？
→ 「姉」であることは、何の意味ももたなくなる

 弟です
→ 「弟」がいて、初めて「姉」がいる
→ 「姉」そのものは「空」である

そして、この「空」という考えかたについて、わかりやすくまとめているのが、有名なお経、**般若心経**です。

般若心経

般若心経

菩提薩婆訶
波羅僧羯諦
波羅羯諦
揭諦揭諦
即説呪曰
故説般若波羅蜜多呪
真実不虚
能除一切苦
是無等等呪
是無上呪
是大明呪
是大神呪
故知般若波羅蜜多
得阿耨多羅三藐三菩提
三世諸仏
依般若波羅蜜多故
究竟涅槃
遠離一切顛倒夢想
無有恐怖
無罣礙故
心無罣礙
依般若波羅蜜多故
菩提薩埵
以無所得故
無智亦無得
無苦集滅道

> 般若心経全体をぎゅっとまとめたもので、心をからっぽにするための呪文のような役目をもつ

「悟りの世界」を絵で表すと、たとえばこんな感じになります。世の中のざわめきを、遠くはなれたところから見ているようなイメージです。

ここにあるような空という考えかたを身につけ、「すべては空なのだから、何かを求めたり、何かにこだわったりしても、しかたがない」と自ら知ることが悟りだといえるのじゃ

座禅で悟りにチャレンジ！

悟ることは、決してかんたんではありません。でも、一度座禅を組んで、その世界をちょっぴり体験してみましょう。家でもできる方法をしょうかいします。

1. ラクな服を着て、はだしになる
2. 静かで、落ちつける場所を探す
3. ノートとえんぴつを用意して、次の3つを書きだす「1、今なやんでいること」「2、きらいな人・きらいなこと」「3、今いちばんほしいもの」
4. もし家にあれば、お線香やお香などを1本立てて、おうちの人に火をつけてもらう。これがすべてもえつきるまで、座禅を続ける
5. お線香やお香を立てた場所から、少しはなれてざぶとんをしき、足を組んですわり、手は足の上にゆるく重ねる
6. 背すじをのばし、目を半分つぶる。そのままおじぎをして、座禅スタート
7. 鼻からゆっくり息をはく。ぜんぶはいたら、鼻からゆっくり息をすう。これを「ひとつ、ふたつ」と頭の中で数えながら10回行う
8. その後も、同じように呼吸を続けながら、頭の中をからっぽにしていく。どうしてもいろいろなことを考えてしまうようなら、呼吸を数えることに集中！
9. お線香やお香が消えたら、ゆっくり目を開く。深呼吸をしてからおじぎをして、座禅終了
10. 最初に書いたノートを見てみよう。気もちが少し変わっていたら、悟りに一歩近づいた証拠かも……？

声に出して読んでみよう！

仏説摩訶般若波羅蜜多心経

観自在菩薩
行深般若波羅蜜多時
照見五蘊皆空
度一切苦厄
舎利子
色不異空
空不異色
色即是空
空即是色
受想行識
亦復如是
舎利子
是諸法空相
不生不滅
不垢不浄
不増不減
是故空中無色
無受想行識
無眼耳鼻舌身意
無色声香味触法
無眼界乃至無意識界
無無明
亦無無明尽
乃至無老死
亦無老死尽

「色」は「すべての形あるもの」のこと。「すべての形あるものは空であり、しかし、空でありながら、形をつくっている」という意味

仏教の修行の目標をしめしている。「観音菩薩は、世界がみな『空』だと見ぬいて、あらゆる苦を乗りこえた」という意味

仏教の広がり

紀元前のインドで始まった仏教は、その後、どのようにして世界各地に広まり、「世界の宗教」となっていったのでしょうか。その流れをたどってみましょう。

1 紀元前3世紀ごろになると、仏教はまずスリランカへと伝わり、さらに、東南アジアの国々にも伝わって、**テーラワーダ（上座部）仏教**とよばれる宗派が生まれました。

2 紀元1世紀ごろになると、**大乗仏教**という宗派が生まれました。こちらは中国本土やチベットなどに伝わり、朝鮮半島、そして日本にも広がっていきました。

① → テーラワーダ仏教
② → 大乗仏教

3 その後、インド本国では仏教はおとろえ、もともと信じられていた神々への信仰から生まれたヒンドゥー教（→P76）が主流となりました。現在、インド人の8割はヒンドゥー教徒です。

大事にするもののちがいで分かれる

生まれたころの仏教
お寺に入り（**出家**）、**八正道**（→P43）を守ったきびしい生活を送ることで、最終的に**ブッダ**のようになることをめざす。

修行が大事！

テーラワーダ仏教
生まれたころの仏教のやりかたを、そのまま受けついだ仏教。

大乗仏教
信仰が大事！

出家できない人々も救われるよう、さまざまな信じかたを取りいれた仏教。ブッダや、その仲間である**菩薩**などの存在を信じたり、呪文を唱えたり、**お経**をよんだりなどの方法でも、ブッダをめざすことができるとする。

チベット仏教
大乗仏教の中の**密教**とよばれる一派。チベット仏教の僧を**ラマ**とよび、中でも指導的地位にあるのがダライ・ラマ。密教は日本にも伝わり、真言宗や天台宗となっている。

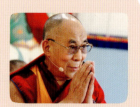

現在はインドで活動している、ダライ・ラマ14世

日本での仏教の歴史

日本に仏教が伝わり、現在中心となっている4つの信仰のタイプが生まれるまでの流れを見てみましょう。

6世紀	大乗仏教が伝わる
7世紀	聖徳太子が、仏教を大切にするように「十七条の憲法」で定める
8世紀	東大寺の大仏が完成
9世紀	最澄が中国から法華思想を伝え、天台宗を開く
	空海が中国から密教を伝え、真言宗を開く
12世紀	法然が「念仏」を大事にする浄土宗を始める
	栄西が中国から禅を伝え、臨済宗を始める
13世紀	法然を受けついだ親鸞が浄土真宗を始める
	道元が永平寺で禅を教え、曹洞宗を始める
	日蓮が法華経こそ救いであるとして、日蓮宗を始める
17世紀	江戸時代、檀家制度※が作られる

日本仏教は4タイプ

日本の仏教は、いろいろある教えの中から、大事にするものをひとつにしぼりこんでいます。そのため、ふつうの人々にもわかりやすく、広く受け入れられました。大きく、次の4つのタイプに分かれます。

法華 地獄から仏まで、すべての命がつながっている。みんなが菩薩となって、すべての人々を救おう！

密教 曼荼羅とよばれる図像を使って瞑想し、仏とひとつになろう！

浄土 阿弥陀とよばれる仏を信じ、死後には浄土（極楽）に行こう！

禅 ただひたすら座り、心を無にして悟りをめざそう！

※檀家制度…日本人はみんなどこかのお寺に属して檀家となり、そのお寺にお葬式などをまかせるかわりに、お金などを寄付する制度。

現代の日本で仏教は…？

江戸時代の檀家制度は今も残り、決まった宗派（お寺）との関係を先祖代々、受けついでいる家もたくさんあります。しかし、その一方で、お寺に行くのはお墓まいりやお葬式のときだけ、という家も多いのが現状です。また、檀家をやめる、あるいは自分の家がどのお寺の檀家かよくわからないという人も増え、檀家からの寄付にたよっているお寺は、運営がむずかしくなってきているようです。

ぼくの家も、お盆とお彼岸にお墓まいりに行くよ！

それでも、先祖のお墓は大事にしたいと、定期的なお墓まいりは欠かさないという人は多い。今の日本人は、仏教の「悟り」「修行」といった教えよりも、儀式を大事にしている

知りたい！仏教徒ライフ

〜ソムチャイくんの1日〜

やあ、ぼくはタイでくらすソムチャイ

仏教を信じている人は、どのような毎日をすごしているのでしょうか。仏教徒の男の子の「ある1日」をのぞいてみましょう！

6:00 起きる ▶▶▶ 7:00 喜捨をする ▶▶▶ 8:00 登校 ▶▶ 8:30 朝礼 ▶▶ 12:00 給食

家を出て、仏教の道に入る**出家**をしているお坊さんは、生活に必要なものや食事などは、すべて信者から**喜捨**（寄付）してもらうんだ。タイの人たちは、喜捨をすればするほど、よい生まれ変わりができると信じているよ。ぼくもお母さんと毎朝、お坊さんに喜捨をしているんだ。

朝礼では、国歌が流された後、朝礼台の横にある仏像に手を合わせて、みんなでお経を唱える。時間割には、仏教の授業もあるよ。

タイの町中にはお坊さんがいっぱい！

タイでは、出家は仏教徒としてレベルアップするというだけでなく、大人になるための大切な儀式であると考えられています。また、喜捨と同じく、よりよい生まれ変わりをするための行いでもあります。そのため、3か月だけ、2週間だけといった、期間限定の出家をする人も多く、町中にはオレンジ色の袈裟を着た僧侶がたくさん歩いています。

写真：Ray Laskowitz/アフロ

今10歳で、小学校の4年生だよ。
タイでは、国民のほとんどが仏教徒。
もちろん、ぼくも仏教を信じているよ。
これからぼくの1日をしょうかいするね！

出家して修行することは、タイの人にとって特別なことじゃなく、とても身近で、すてきなことなのね

▶▶▶ 15:00 下校のとちゅうで手を合わせる
▶▶▶ 16:00 家に帰る
▶▶ 17:00 夕食
▶▶ 21:00 ねる

タイでは、仏教とともに精霊（ピー）も信じられている。町中には、いろんなところにお釈迦様や精霊がまつられ、いつでもどこでも喜捨やお祈りができるようになっているよ。スーパーの店内に仏像がおかれていることもあるんだ！

夕ご飯は、近くのお店や屋台で食べることも多いよ。今日は、もうすぐ出家する予定のおじさんといっしょ。ぼくもいつか出家して、りっぱな大人になりたいな。

みんな楽しみにしている、水かけ祭り

タイの新年である4月には、タイ全土で、ソンクラーンとよばれる水かけ祭りが行われます。もとは、新年をむかえるために、お寺で仏像に水をそそぎ、清める儀式を行ったことが始まりとされています。4月は、日本では春ですが、タイでは1年でいちばん暑い季節。大人も子どもも、バケツや水でっぽうなどでひたすら水をかけあい、全身びしょぬれになって楽しみます。

写真：ロイター／アフロ

仏教が生んだ文化

仏教は、仏教が伝わったアジアの各地に、さまざまな仏像や、お寺などの建築物を数多く生みだしました。
ここでしょうかいしているものは、すべて世界遺産に登録されています。

ボロブドゥール遺跡

インドネシアにあり、今から1200年以上前に作られた、世界でもっとも大きい仏教寺院です。ピラミッドのように、石を高く積みあげた形をしていますが、じつは、もともとあった丘に土をもり、その上に建てられているので、内部に空間はありません。まわりに等身大の仏像が504体おかれ、かべは、仏教神話やインド神話の場面をえがいたレリーフでかざられています。

楽山大仏

中国の四川省にある、岩山をほって作られた仏像で、その高さ、なんと71メートル！ 20階建てのマンションと同じくらいの高さで、近代よりも前に作られた仏像としては世界最大です。これが民衆の手によって、90年もかけて作られたということからも、人々の仏教への信仰の強さがわかります。

法隆寺の五重塔

日本各地にある仏像やお寺の中でも、とくに長い歴史をもつのが、607年ごろ聖徳太子によって建てられた法隆寺です。寺の中にある五重塔は、ブッダの骨（仏舎利）をまつるための仏塔で、細かく計算された大きさの美しい5まいの屋根は、下から「地」「水」「火」「風」「空」といい、全体で仏教の宇宙観を表しています。

コラム

お寺で見ればすぐわかる！仏像の4タイプ

仏像にはさまざまな形や種類があります。ややこしいように見えますが、基本的には「如来」「菩薩」「明王」「天」の4つのタイプに分けられます。この4タイプを知っておくと、すぐにちがいがわかって便利！　お寺を見学するときに、ぜひチェックしてみてください。

如来

胸が半裸で頭がつぶつぶのような髪型になっているのが如来。仏陀、仏、ブッダも同じ。仏教の最高の理想像で、釈迦、阿弥陀、大日など、さまざまな如来がいる

菩薩

如来よりもかざりが多いのが菩薩。王子時代の釈迦のすがたから発展したもので、観音や弥勒など、さまざまな菩薩がいる。人々の救いのためにがんばっている聖者

明王

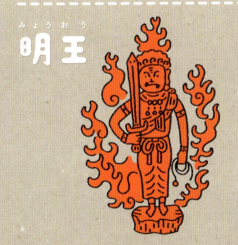

明王は、呪文のパワーを神様のようなすがたに変えてえがいたもの。不動明王が有名。火を背にしてにらむような表情をしている。煩悩をはらってくれる、ありがたい存在

天

天は、昔インドで信仰されていた、さまざまな神々が仏教の守護神となったすがた。梵天、帝釈天、吉祥天、弁天など、「天」とつくのはみなインドの神様がもとになっている

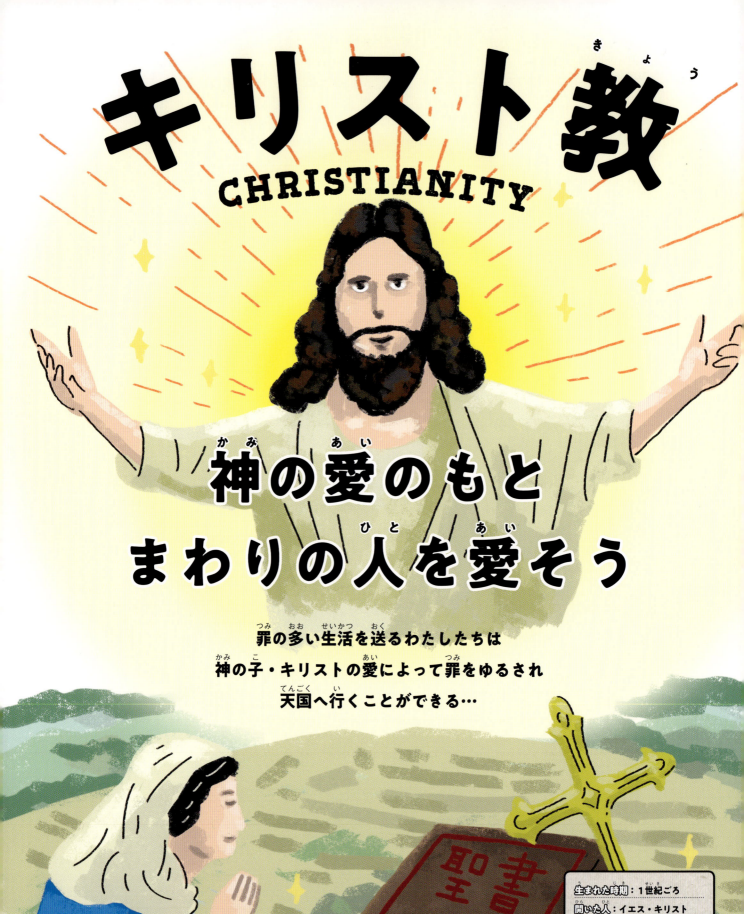

キリスト教の教え

キリスト教は、今のイスラエル・パレスチナで信じられていたユダヤ教（→P82）をもとに生まれた宗教です。その教えをまとめると、こういうことになります。

1 キリスト教では、**唯一の神**がいて、その神によって世界のすべてがつくられたと考えられています。これは、ユダヤ教と同じ考えかたです。

2 神がつくった最初の人間、**アダム**と**エバ（イブ）**は、楽園に住んでいましたが、神との約束をやぶって、禁じられた木の実を食べるという罪をおかしてしまいます。

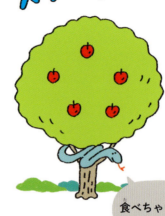

失楽園

> すべては、この「罪」から始まった！

3 こうして、罪をおかしたアダムとエバの子孫である人類は、生まれながらにして罪（**原罪**）を背負うことになりました。

4 この原罪をすべて引きうけ、自ら処刑されることで一気につぐなってくれたのが、**イエス・キリスト**なのです！

世界をつくった神様＝イエス・キリストなの？

答えは「ちがうけど、同じ」。むちゃくちゃなようですが、キリスト教では世界をつくった神を「**父なる神**」とよび、イエス・キリストを「**子なる神**」とよんで、どちらも同じ神としています。さらに、人々の心に働きかける「**聖霊**」も神のひとつのすがたとして、これら3つでひとつの神としているのです。これを**三位一体説**とよびます。

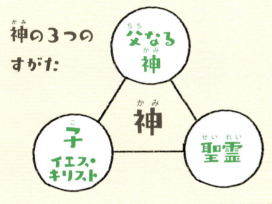

神の3つのすがた — 父なる神／子 イエス・キリスト／聖霊＝神

ゴール！ようこそ「神の国」へ

審判

7 死んだ人は**審判**にかけられ、神によって裁かれます。よい行いをした人は**天国（神の国）**へ、悪い行いをした人は**地獄**へ行きます。ただし、**カトリック**という宗派では、悪い行いをした人はいったん**煉獄**という場所へ行き、罪をつぐなった後、最終的には天国へ行くとされています。

死ぬと…

5 このことを忘れず、つねにイエスへの**感謝**と**祈り**をもって毎日をすごすこと。これが、キリスト教の教えの基本です。また、その教えについてまとめた**聖書**（→P56）の言葉を信じ、大切にすることも求められます。

6 信者は週に一度、**教会**に集まり、**ミサ**（聖餐式）とよばれる儀式や礼拝に参加します。また、信者になる人は、その決意をしめすため**洗礼**という儀式を受けます。信者の夫婦のもとに生まれた子どもは、まだおさないうちに洗礼を受けることも多くあります。

改める／聖書／周囲への愛／感謝と祈り

神父・牧師 儀式をとりおこなったり、相談役になったりする

洗礼式 洗礼を受ける人の体を水にひたしたり、頭に水をかけたりする

のぞいてみよう！ 聖書の世界

世界でいちばん売れている本は何だと思いますか？ じつは、聖書です。聖書は、神との古い約束について書かれた「旧約聖書」と、イエスが生まれてからのことが書かれた「新約聖書」の2部に分かれていて、キリスト教では、新約聖書をとくに大事にしています。どんなことが書かれているのでしょう。

世界初の印刷された聖書。15世紀にドイツのグーテンベルクによって印刷された

福音書

新約聖書で中心となるのは**福音書**で、その内容は、かんたんにいうとイエス・キリストの伝記です。福音書は全部で4種あり、それぞれ「マタイによる福音書」「マルコによる福音書」「ルカによる福音書」「ヨハネによる福音書」とよばれています。それらにふくまれる、イエスのすばらしさを伝える多くの物語の中から、いくつかしょうかいしましょう。

他に、こんな書物もある！

使徒言行録
使徒とは、イエスが教えを広める使命をあたえた弟子たちのこと。使徒パウロの伝道旅行など、キリスト教が広まっていった歴史が書かれている

いろいろな手紙
パウロなどの使徒たちが、さまざまな場所にいる信者たちへ向けて書いた手紙がまとめてある。キリスト教の教えがわかりやすく説明されている

ヨハネの黙示録
世界の終わりに起こるであろうできごとについて書いたもの。イエスが再び地上に降りてくることや、世界が終わるときの最後の審判についても語られる。使徒ヨハネが書いたと伝えられている

世界的大大

ものがたり① イエスはスゴイ！
悪魔の誘惑には負けない！

あるとき、悪魔がイエスを高い山に連れていき、栄えている国々のようすを見せていいました。「わたしをおがむなら、これらをすべてあたえよう」イエスは、「サタンよ退け。ただ、主（神）に仕えよ」と答え、悪魔の誘惑をバッサリと断ちきったのです。

ものがたり② イエスはスゴイ！
病んでいる人や弱い立場の人にはやさしい

12年間、出血が止まらず苦しんでいる女性がいました。イエスのことを聞いたその女性は、救いを求め、人々にまぎれてイエスに近づき、その服にふれました。すると、すぐに出血が止まり、病気はいやされました。イエスがふりかえり、「わたしの服にふれたのはだれか」といいます。女性はふるえながらも正直に進みでて、すべてを話しました。イエスは、「あなたの信仰があなたを救った。安心して行きなさい」といいました。

お祈りの最後に付ける「アーメン」という言葉は、ヘブライ語で「本当に」「その通りです」といった意味なのじゃ

イエス名言集

「マタイによる福音書」の5～7章には、「山上の垂訓（説教）」とよばれる、イエスが山の上で人々に教えを説く場面があります。そこに登場する言葉からは、イエスの考えかたや、神の教えがどんなものなのかを読みとることができます。

心の貧しい人々は、幸いである。天の国はその人たちのものである

自分にお金がないことをはずかしいと思うのではなく、自分の心が貧しいことをはずかしいと思いなさい。それができる人は、神に愛されるでしょう

人にしてもらいたいと思うことは何でも、あなたがたも人にしなさい

だれかに何かをしてもらいたいと待っているのではなく、自分からまわりの人にそれをあたえなさい。そうすることで、初めて自分にも返ってきます

だれかがあなたの右の頬を打つなら、左の頬をも向けなさい

やられたら、やり返すのではなく、反対に相手への愛をしめせば、相手のやっていることは意味がなくなり、戦う気は失われます。あなたは戦わずに勝つことができるでしょう

あなたが祈るときは、奥まった自分の部屋に入って戸を閉め、かくれたところにおられるあなたの父に祈りなさい

見せかけだけの善人は、人が見ているところで祈りますが、その心は神ではなく、まわりの人たちに向いています。だれも見ていないところで、ただ神だけに向かって祈るのが、本当の祈りです

大ベストセラー！

ものがたり③ イエスはスゴイ！
欲の深い人にはきびしい！

あるお金持ちが、イエスに「永遠の命を得る（天国に行く）にはどうしたらいいか」とたずねました。「人を殺さない、物をぬすまない」など、基本的なルールは守っているというので、イエスは「では、持ち物を売りはらい、貧しい人にあたえなさい」といいました。お金持ちは、落ちこんで帰ってしまいました。それを見たイエスは、「金持ちが神の国に入るよりも、らくだが針の穴を通るほうがまだかんたんだ」といいました。

ものがたり④ イエスはスゴイ！
とにかく、いろいろな奇跡を起こす！

水をぶどう酒に変える、嵐に「静まれ」と命じて静める、湖の上を歩く、5つのパンと2ひきの魚を増やし、5000人のおなかをいっぱいにする……などなど、イエスは聖書の中で、とにかくたくさんの奇跡を起こします。奇跡の物語は、信仰の力を表すものとして、信者のはげみになりました。

イエスおすすめの祈りかた 主の祈り

天にましますわれらの父よ。
願わくは、御名をあがめさせたまえ。御国を来たらせたまえ。
御心の天になるごとく、地にもなさせたまえ。
われらの日用の糧を今日もあたえたまえ。
われらに罪をおかす者をわれらがゆるすごとく、
われらの罪をもゆるしたまえ。
われらを試みにあわせず、悪より救いだしたまえ。
国と力と栄とは、限りなく汝のものなればなり。アーメン

キリスト教の広がり

もともとキリスト教は、イエスを信じた12人の弟子たちからスタートした、ユダヤ教の一派にすぎませんでした。それが、現在では世界でいちばん信者の多い宗教です。いったいどのようにして、発展していったのでしょうか。

① イエスの死後、**12人の弟子**たちが、イエスの教えを広める活動をスタートします。

② このとき、とくにかつやくしたのが**宣教者パウロ**です。もとユダヤ教の学者で、ギリシャ語も話せたパウロは、地中海の周辺に伝道して回り、教会を建てたり、各地の信者に手紙を送るなど、せっきょく的に活動します。

③ 当時、ヨーロッパ一帯をおさめていた**ローマ帝国**により、何度もおさえつけられ、信者が殺されるなど苦しめられますが、教えは少しずつ広まっていきます。4世紀には、ローマ帝国が定めた宗教（国教）となります。

④ その後、ローマ帝国が東と西に分かれると（黄色の線、395年）、東西の文化の差が広がり、キリスト教も東の**東方正教会**、西の**ローマカトリック教会**に分かれます。そこから、さらに**プロテスタント**など、さまざまな宗派に分かれながら、世界中で信者を増やしていきました。

日本には、室町時代、カトリック教会の修道会（→P63）「イエズス会」の宣教師である、フランシスコ・ザビエルによってキリスト教が伝えられたぞ。でも、その後、しばらくキリスト教は禁止され、明治時代にようやく布教がゆるされると、少しずつ広まっていったのじゃ

アメリカでのキリスト教

アメリカは、世界でもっとも多くのキリスト教徒がくらす国です。「宗教を信じない」という人があるていどいるヨーロッパや日本にくらべると、熱心な信仰をもつ人も多いようです。そもそも、国の成りたちからしてキリスト教、とくに**プロテスタント**という宗派と強い結びつきがありました。

16世紀のイギリスでは、**宗教改革**をきっかけにプロテスタントのひとつである**英国国教会**ができました。ですが、そのやりかたや考えに反対した人々の一部が、新天地を求めてアメリカ大陸にわたります。**ピューリタン（清教徒）**という人たちです。やがてかれらの子孫などが協力して、イギリスから独立したのが、アメリカという国の始まりだったのです。

考えかたのちがいから分かれる

イエス・キリスト 初期の教会

11世紀　東西教会に分かれる　→東へ
　　　　　　　　　　　　　　↓西へ

16世紀　宗教改革が起きる

東方正教会

「ギリシャ正教」ともよばれる。東ローマ帝国の首都だったイスタンブールや、ギリシャが中心地だったが、その後、ロシアなどにも広まった。国や民族ごとに組織が分かれていて、伝統的に守られてきた儀式を忠実に行うことを大切にする。キリストや使徒などをえがいた、イコンとよばれる絵を用いるのがとくちょう。

救いはお金で買える？

ローマカトリック教会が、人間が死後に煉獄（→P55）でつぐなう罪を軽くできる免罪符というおふだを売りだし、お金をもうけようとした。それに対し、ドイツの神学者マルティン・ルターが、「救いが金で買えるなんておかしい！」と強く反対。必要なのは聖書と神への信仰のみであり、神の前ではみな平等であることを説き、多くの教会が独立する改革運動につながった。

プロテスタント諸教会

宗教改革をきっかけに、ローマカトリック教会から分かれて生まれた新しい宗派。ルターが始めたルーテル教会、イギリスの王様が作った英国国教会、そこからさらに分かれた会衆派など、さまざまな教会、宗派が独立しながら加わっている。聖書の言葉を大切にし、神を信じてつつましく生活することを基本としている。

ローマカトリック教会

イタリア・ローマの近くにあるバチカン市国を中心とした、キリスト教の中でも最大の宗派。ローマ教皇をトップに、聖職者たちでピラミッド型の組織を作り、その下に約11億人もの信者をもつ。カトリック教会ともいう。

カトリックのはなやかなつくりの聖堂（左）と、プロテスタントのかざり気のない教会（右）。カトリックでは教会で儀式を行う聖職者のことを神父とよび、プロテスタントでは牧師が人々を精神的に指導する

今の日本でキリスト教は…？

現在、日本にいるキリスト教徒の数は、約100万人といわれています。これは、日本の全人口の1パーセントにあたり、日本人の100人にひとりはキリスト教徒ということになります。多いように感じられるかもしれませんが、この数字は、50年以上前からほとんど変わっていません。また、他のアジアの国々とくらべると、かなり低い数字となっています。

クリスマスやバレンタインデーなど、キリスト教由来の行事がすっかり根付いている日本ですが、もともと、たくさんの神々を信じる神道や、さまざまな仏を信じる仏教が中心だった国だからか、「唯一の神を信じる」ということが苦手な人が多いのかもしれませんね。

知りたい！ キリスト教徒ライフ

キリスト教を信じている人は、いったい、どのような毎日をすごしているのでしょうか。
キリスト教徒の女の子の、とある1日をのぞいてみましょう！

7:00 起きる ▶▶▶ 8:00 朝食 ▶▶▶ 9:00 教会のミサに参加する ▶▶▶

父よ、あなたのいつくしみに感謝してこの食事をいただきます。ここに用意されたものを祝福し、わたしたちの心と体を支える糧としてください。わたしたちの主、イエス・キリストによって。アーメン

　ごはんを食べる前には、必ず**お祈り**をします。今、こうしてごはんが食べられる感謝の気もちを神様に伝えるのです。家族そろってテーブルにつくと、お父さんがお祈りをして、わたしたちは目を閉じて、静かに聞きます。正直、「早く食べたいなー」って思うこともあるんですけどね！

　日曜日には、教会の**ミサ**（聖餐式）に家族で出かけます。まず、神父様が聖書を読み、イエス様の教えについてお説教をされます。その後は、イエス様の肉と血を意味するパンとワインをいただく**聖体拝領**の儀式。ミサの後は、とても満ちたりた気分になります。

キリスト教で大切にされる7つの儀式

信者になるための❶**洗礼**（→P55）と、日曜日ごとに行われる❷**聖餐式**の他に、カトリック教会や東方正教会では右の5つの儀式があり、合わせて7つの神秘、あるいは秘跡（サクラメント）とよばれ、大切にされます。

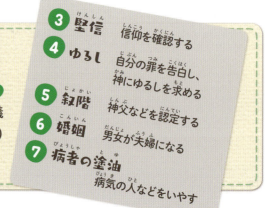

❸ 聖信　信仰を確認する
❹ ゆるし　自分の罪を告白し、神にゆるしを求める
❺ 叙階　神父などを認定する
❻ 婚姻　男女が夫婦になる
❼ 病者の塗油　病気の人などをいやす

~ジャンヌちゃんの1日~

ボンジュール！
わたしはフランスの
パリでくらす
ジャンヌです！

今9歳、小学校の4年生です。
フランスは、ローマカトリック教会の信者が多くて、わたしたち家族も、キリスト教を熱心に信じています。これから、わたしがどんな日曜日をすごしているかしょうかいします！

11:00 告解 ▶▶▶ 12:00 昼食 ▶ 13:00 友だちと遊ぶ ▶ 16:00 宿題など ▶ 18:00 夕食 ▶▶▶ 20:00 ねる

ミサの後、今日はひさしぶりに**告解**の部屋へ。かべの向こうの神父様に、自分の罪を告白し、**ゆるし**をいただくんです。先週、お母さんに「宿題は終わったよ」ってうそをついたことを思いきって告白。きんちょうしたけど、神父様はやさしく聞いてくださり、祈りの言葉でゆるしをあたえてくださいました。でも、こんなにはずかしい思いは、もうイヤです！

ねる前には、ベッドの上でお母さんといっしょに聖書を読むのが、わが家の習慣です。妹や弟もいっしょに、みんなで1冊の聖書をかこんで、あれこれ話す時間はとっても幸せ…。それから、ねる前のお祈りをして眠ります。明日からの1週間、もっとよく生きられますように。アーメン。

キリスト教の三大祝日

キリスト教で、クリスマス、イースター（復活祭）と同じくらい大切にされている行事が、ペンテコステ（聖霊降臨）です。イエスが天にのぼった後、預言の通り、信者たちに聖霊が下ったことを祝う行事で、イースターの50日後に行われます。お祝いのしかたはさまざまで、聖書の「そのとき、はげしい風の音が聞こえた」という記述から、フランスでは礼拝の間にトランペットが吹きならされることもあります。

聖霊が下ると、みながとつぜん異国の言葉でしゃべりだしたという

キリスト教が生んだ文化

絵画、彫刻、音楽、文学、建築など、世界中のさまざまな芸術・文化に大きな影響をあたえてきたキリスト教。とくに西洋の文化は、キリスト教なしでここまで発展することはむずかしかったでしょう。ほんの一部ですが、しょうかいします。

絵画と彫刻

聖書の一場面や、そこから生まれるイメージを題材に、これまで世界中の画家や彫刻家たちが、多くのすばらしい作品を生みだしてきました。とくに、キリスト教の中心地であるイタリアで14世紀に起きた「ルネサンス」とよばれる運動の中では、名作が次々と誕生しました。

ルネサンス時代の芸術家
レオナルド・ダ・ヴィンチ『最後の晩餐』
イエスが処刑される前の夜、弟子たちと食事をとる場面が、幅9メートルもの大きさでえがかれている。その美しい構図や、感情表現の細やかさから、世界遺産にも登録されている

ルネサンス時代の彫刻家・画家
ミケランジェロ『ダビデ像』
旧約聖書に登場する、イスラエル王国の王・ダビデが、巨人と戦おうとする場面をえがく。高さは5メートル以上もあり、人体の美しさと、今にも動きだしそうな力強さを感じさせる名作

ルネサンス時代の画家
ラファエロ『大公の聖母』
おさないキリストをだく、聖母マリアのやさしい表情に心をうばわれる名画。この作品からラファエロは「聖母の画家」とよばれるようになった
提供：Super Stock／アフロ

サン・ピエトロ大聖堂

イタリア・バチカン市国にある、ローマカトリック教会の中心的な聖堂。高さ約130メートル、内部の奥行き200メートル以上と、キリスト教の建築物の中でも世界最大です。4世紀に建てられた、イエスの弟子・ペテロの墓を守る聖堂で、16世紀に建てかえが始まり、ミケランジェロらの手によって17世紀に完成しました。いくつもの絵画がはめこまれた巨大なドーム天井や、数々の芸術作品など、その美しさとぜいたくさに、おとずれた人は言葉を失うほどです。

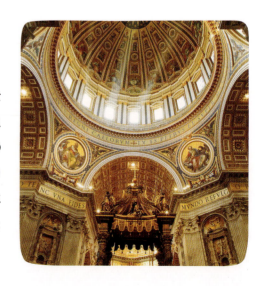

> コラム

修道士・修道女ってどんな人？

　キリスト教といえば、頭から布をかぶり、長いスカートをはいて首から十字架を下げた修道女（シスター）のすがたをイメージする人も多いでしょう。修道女を主人公にした映画の人気シリーズや、インドで貧しい人々のために活動し、ノーベル平和賞をもらった修道女、マザー・テレサを思いおこす人もいるかもしれません。

　では、修道女（男性の場合は修道士）とは、いったいどういう人たちなのでしょうか。宗派によって多少ちがいはありますが、基本は、イエス・キリストの教えを守ることに一生をささげたいと望み、「清貧（清く正しく）・貞潔（心身のけがれなく）・従順（すなおにしたがう）」の3つを誓いを守る人たちです。修道士・修道女は、ふつう決まった修道会に属します。

　修道会には、観想修道会と活動修道会というふたつの種類があります。観想修道会には、ベネディクト会、トラピスト修道会などがあり、修道院の中で共同でくらします。毎日、規則的な生活を送り、祈りと労働にはげみます。神との対話に集中するため、1日のほとんどを口を開かず「沈黙」のままにすごす人たちもいます。

　現代社会からは、ずいぶんかけはなれた世界のようですが、ヨーロッパの各地に今も多くの修道院があり、日本にも150か所ほどが存在しています。院内には、他では感じることができない、神秘的で清らかな空気が流れているといいます。

　一方、活動修道会では、修道院でくらすことも、町中のアパートなどでくらすこともあります。特別な服装をしていない人もいて、キリスト教を広める活動や、こまっている人、貧しい人を助ける活動などを行っています。活動修道会には、ドミニコ会、フランシスコ会、イエズス会などがあります。

北海道の北斗市にある、カトリックの男子修道院「トラピスト修道院」。男性ならだれでも、中を見学することができる

修道院の1日

朝の祈り／聖書を読む／夜の祈り／労働

イスラム教
ISLAM

唯一の神アッラーのもとではみな平等

預言者ムハンマドが伝えたアッラーの言葉を信じ
決まりを守って正しく生きることで
来世を楽園でくらそう！

生まれた時期：7世紀ごろ
開いた人：ムハンマド
信者の数：約17億人
信者の多い国・地域：インドネシア、パキスタン、バングラデシュ、トルコ、エジプト、サウジアラビア

イスラム教の教え

イスラム教は、ユダヤ教やキリスト教がすでに知られていたアラビア半島で、ムハンマドによって開かれました。その教えはとてもわかりやすく整理されていて、信者が信じるべきものは6つ＝「六信」、行うべきことは5つ＝「五行」、という形でまとめられています。

信じること 1　神　アッラー
世界のすべてをつくった神。アッラーとはアラビア語で「唯一の神」の意味。

信じること 3　使徒　ルスル
アッラーと人間とをつなぐ使者、**預言者**。**ムハンマド**の他にも、モーセやイエス・キリストなど、ユダヤ教やキリスト教の預言者もみとめているが、ムハンマドはその中でも「最後の預言者」とされる。

信じること 2　天使　マラーイカ
アッラーが光からつくった霊のような存在で、神を助ける役目をする。

信じること 4　啓典　クトゥブ
預言者を通して伝えられた、神の言葉を集めた文書。もっとも重要な啓典は**クルアーン（コーラン）**だが、旧約聖書のモーセ五書（→P84）や、新約聖書（→P56）の福音書などもみとめている。

神のもとでは、みな平等！
民族、性別、身分、貧富の差…

六信　1〜6を信じます！

他の宗教の信者に無理に押しつけてはいけないんだ

楽園 とてもおいしい酒や蜜の川が流れ、多くの果実があり、それぞれの望むものがある。さらに、見る、感じるといった五感を超えた幸せのある場所

火獄 信仰をもたない者や罪をおかした者が向かう地獄で、全身を炎に焼かれる

信じること 6 来世 アーヒラ

この世はいつか終わり、神が最後の審判を下す。よい行いをした者は楽園へ、悪い行いをした者は火獄へと向かう。これを永遠の来世という。

☑ 行うこと 1 信仰告白
シャハーダ

イスラム教徒になる人は、次の文章をふたりの立会人の前で唱える
ラー　イラーハ　イッラッラー　ムハンマド　ラスールッラー
（アッラーの他に神はなく、ムハンマドはアッラーの使者である）

☑ 行うこと 2 礼拝
サラート

夜明け前、正午すぎ、日没前、日没後、夜の5回、聖地メッカの方角を向いて礼拝を行う。神にしたがう意志と、感謝の気もちを表す

☑ 行うこと 3 喜捨
ザカート

持っているお金や家畜の一部を、貧しい人やこまっている人のために寄付する

☑ 行うこと 4 断食
サウム

イスラム暦（→P121）の9月は**ラマダーン**とよばれ、日の出から日没まで、食べ物や飲み物をいっさい口にしない。子どもや病人などはしなくてもよい

☑ 行うこと 5 巡礼
ハッジ

イスラム暦の12月8日～10日にかけて、サウジアラビアのメッカにあるカアバ神殿をおまいりする。一生のうち1回は行うことが望ましいとされる

信じること 5 定命 カダル

すべてのできごとは神によって定められたもので、神は未来に起こるすべてのことを知っている。

死ぬと…　…関係なし！

五行 1～5を実行します！

でも、無理はしないよ

のぞいてみよう！

礼拝・巡礼の世界

五行（→P66）のひとつ、1日5回の礼拝は、とても細かくやりかたが決まっています。
巡礼も、おまいりする順番などスケジュールがきちんと定められ、すべてに意味があります。
ふしぎで美しい、イスラム教の礼拝と巡礼の世界をのぞいてみましょう。

礼拝のやりかた

1 体を清める。両手、両足、顔などを洗い、口をすすぐ

2 メッカの方向を向いて立ち、お腹の前で両手を組む

3 クルアーンの第1章・開扉章を朗読

慈悲あまねく慈愛深きアッラーの御名において…
（ビスミッラーヒル　ラハマーニル　ラヒーム…）

4 両手を耳まで上げ、「神は偉大なり」などと唱え、おじぎをする

5 両手を耳まで上げ、ひざまづき、おでこを床につけるようにしておじぎをする

6 「偉大なるわが主に栄光あれ」などを3回唱える

7 もう一度おじぎをして、「偉大なるわが主に栄光あれ」などを3回唱える

巡礼の流れ

準備 体を清め、男性は髪を切ってつぎ目のない白い服を着る。女性は、白い服か、各地の伝統衣装を着る

イスラム暦12月8日

1日目 メッカにある聖モスクで、預言者アブラハムの人生をたどる儀式などを行う

1 カアバ神殿のまわりを急ぎ足で4回、ゆっくりと3回、合計7回、反時計回りで回る

2 カアバ神殿のすみにある黒石に向かって祈るか、口づけをする

3 サファーとマルワという小さい丘を7回、急ぎ足で行き来する

4 地下にあるザムザムの泉の水を飲む

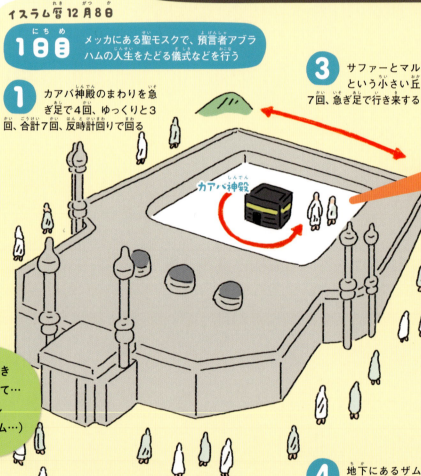

歌うように読むクルアーン

イスラム教の教典、クルアーン（コーラン）は、「読まれるもの」という意味です。神からアラビア語であたえられ、口で伝えられてきたクルアーンは、歌のように美しく、リズミカル。また、イスラム教の国では、礼拝の時間になるとアザーンとよばれる祈りの言葉が町に流れます。その美しい響きには、イスラム教徒でなくても心をうばわれるものがあります。

イスラム暦12月9日
2日目

5 メッカの近くのミナーという町に移動し、アラファという山に入る。そこで自分の罪を悔い改め、神に祈りながら日没まですごす。アラファは、楽園を追放されたアダムとエバ（→P54）が再会した場所だといわれる

世界中の信者が、このカアバ神殿に向かって礼拝をしている。石でできた立方体の建物で、全体は黒い布でおおわれている。中は、天井を支える柱の他は、何もない

イスラム暦12月10日
3日目

6 ミナーにもどり、悪魔の石柱に小石を投げつける。これは、アブラハムが石を投げて悪魔を追いはらったという伝承にちなんだ儀式

7 動物のいけにえをささげる

巡礼完了！

3 にもどり、ここまでの動作を、礼拝ごとに決められた回数だけくり返す

8 立ちあがって、再びお腹の前で両手を組む

9 「神は偉大なり」と唱え、正座をして、信仰告白（→P67）を唱える

10 右を見て、「あなたがたの上に平安と神の慈悲がありますように」と唱える

11 左を見て、同じように唱える

礼拝完了！

イスラム教の広がり

ムハンマドが作ったイスラム共同体は、やがて国家の形をとるようになり、ムハンマドがなくなった後はイスラム帝国として、その支配地を広げていきました。

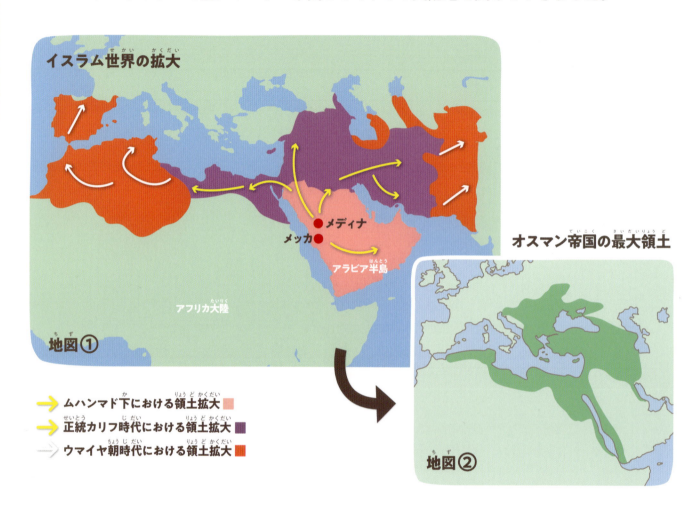

① **ムハンマド**がなくなると、親友で親族でもあるアブー・バクルが、**カリフ**（預言者の代理人）としての地位につきます。その後、2～4代目までのカリフの時代、政治は安定し、この間に**イスラム帝国**は東西へと支配地を広げました（地図①）。

② しかし、4代目カリフのアリーのときに争いが起き、アリーは殺されてしまいました。その後、カリフはしばらくの間ウマイヤ家から選ばれるようになります。

③ のちに、アッバース朝が起こります。さらに、**聖地エルサレム**をうばおうとやって来たキリスト教の十字軍と戦ったり、モンゴル帝国にせめこまれたりした後、今のトルコで生まれたオスマン朝が中近東を広く支配下におき、**オスマン帝国**が完成します（地図②、1683年の国境）。

④ 近代になり、オスマン帝国がくずれると、イスラム世界はひとつの大きな国ではなく、いくつもの小さな国に分かれて、それぞれイスラム教を信じ、守っていくことになりました。

カリフをめぐる対立で、ふたつの宗派が生まれた

殺された4代目カリフのアリーを支持していた人たちは、アリーの子孫こそイスラム教の正しい指導者であると考えました。そして、あらたに**シーア派**というグループを作りました。こうして、イスラム教はウマイヤ家を支持した多数派の**スンナ派**と、少数派のシーア派に分かれたのです。

このふたつの宗派は、指導者についての考えかたにちがいはあるものの、根本的な教え、信仰においてはほとんど変わりません。そのため、これまでとくに対立することはありませんでしたが、近年、アメリカやヨーロッパの国々も関わり、石油資源や政治をめぐって、しばしば対立が起こるようになってきました。でも、これらは宗教よりも政治や利益にもとづく争いなので、ふつうの信者たちはあまり気にせずくらしていることが多いようです。

正しい血筋の指導者が大事！
シーア派
イランとその周辺に多いが、それ以外の国ではごく少数

1割

伝統的に行われてきたことが大事！
スンナ派
ほとんどの国が属する多数派

9割

世界中でくらすイスラム教徒

ヒジャブをつけた女性

チャードルをつけた女性

チャードルをつける地域では、昔から女性がベールで顔や体をかくす習慣があったのじゃ。全身に布をかぶるのは暑そうじゃが、じつは、強い太陽の光から肌を守ってくれるそうじゃよ

現在、イスラム教の信者数は約17億人といわれ、今後、その数はさらに増えていくと予測されています。その理由のひとつは、西アジアや東南アジア、北アフリカなど、とくに人口の増えかたが大きい国々に、イスラム教徒が多く住んでいることです。家族をとても大切にするイスラム教では、子どもをたくさんもつ傾向にあることも、影響しています。

イスラム教徒の女性は、どこの国にいても、頭や体を布でかくしている場合が多くあります。クルアーンが、女性はあまり肌を見せないようにと戒めているため、信仰の証として行っているのです。肌のかくしかたは地域によって差があり、インドネシアなどでは、スカーフのような布で髪の毛をかくす**ヒジャブ**が主流。イランやアフガニスタンでは、黒い布で全身をおおう**チャードル（チャドリ）**を身につける人がほとんどです。

知りたい！ イスラム教徒ライフ

イスラム教を信じている人たちは、いったい、どのような毎日をすごしているのでしょうか。
イスラム教徒の男の子の、とある1日をのぞいてみましょう！

4:00 お祈り① ▶▶ 5:00 朝食 ▶▶▶ 7:00 登校 ▶▶ 8:00 クルアーンの授業 ▶▶▶

空が少しずつ明るくなり、外から**アザーン**（→P69）が聞こえてくると、ぼくたち家族は近くの**モスク**へ向かう。そこで、近所の人たちといっしょに、今日最初のお祈りをするんだ。お母さんやお姉ちゃんは、家でお祈りをすることも多いよ。

サウジアラビアでは、学校はすべて男女別だよ。今日、最初の授業は**クルアーン**の読みかた。学校では、算数や理科などと同じように、イスラム教の授業があって、ムハンマドの言葉や**シャリーア**（イスラム法）について学ぶこともあるんだ。

特別な礼拝

イスラム教では、金曜日は「聖なる日」とされ、毎週金曜日のお昼には特別な礼拝が行われます。大人の男性は全員モスクに集まり、**イマーム**（導師）のお説教を聞き、お祈りをします。また、イスラム暦の9月に行われる断食が終了した後には、1年でいちばん大事な**イード・アル・フィトル**とよばれるお祭りが行われます。朝、大きな会場で礼拝を行った後、家族と食事を楽しんだり、親戚へのあいさつ回りに出かけたりして、無事に断食を終えられた喜びをたくさんの人と分かちあいます。

つらい断食を終えた翌日、信者たちは軽い朝食をすませ、モスクや会場に集まる

~ハサンくんの1日~

アッサラーム（こんにちは）。ぼくは、サウジアラビアでくらすハサン

小学校の5年生で、今11歳だ。サウジアラビアの人たちは、全員がイスラム教徒。ぼくももちろん、アッラーを深く信じているから、毎日5回のお祈りは欠かさない。そんなぼくの1日をしょうかいするよ

10:00 休み時間・軽食
12:00 お祈り 2
15:00 お祈り 3
16:00 家に帰る
18:00 お祈り 4
18:30 夕食
19:00 お祈り 5
20:00 ねる

今日は、チキンハムのサンドウィッチだ！
うまい！

学校には給食がないから、休み時間には、みんな家から持ってきたり、売店で買ったりしたパンやサンドウィッチを食べる。ちなみに、シャリーアで豚肉は食べてはいけないと決まっているから、豚肉を使ったハムはスーパーでは売っていないよ。

日が落ちると、今日4回目のお祈り。それが終わったら夕ご飯を食べて、すぐにまた、今日最後のお祈りのためにモスクへ行く。帰ってきたら、もうねる時間。今日もたくさんお祈りしたなぁ！

クルアーンをもとにした法律シャリーア

イスラム教では、結婚、食事、政治、犯罪……あらゆる決まりが、クルアーンをもとに定められています。シャリーア（イスラム法）とよばれ、ムハンマドの行動や、法学者の意見なども参考にしながらまとめられた法律です。しかし、じっさいにはイスラム教の多くの国で、国法は別の形で定められていて、シャリーアは「生活のルール」のような働きをしています。

義務 必ずすること…礼拝、断食など

忌避 しないほうがよいこと…離婚など

禁止 してはいけないこと…ぬすむ、飲酒、豚肉を食べるなど

豚肉以外の肉も、定められた方法で殺されたものでなければ、食べることができない。イスラム教でよしとされる食品をハラール食品という

イスラム教が生んだ文化

神をえがいた像や絵（偶像）をおがむことを禁じるイスラム教では、仏教における仏像、キリスト教における宗教画のような形の芸術は生まれませんでした。かわりに、巨大なモスクをいろどるものとして、タイル細工やカリグラフィーなどの技術が発展しました。

イマーム・モスク

イランのイスファハーンにある世界遺産「イマーム広場」の中にあるモスクです。イスラム建築のとくちょうであるドームとアーチは、青色のタイルで美しくかざられ、イスラム世界でもっとも美しいモスクのひとつともいわれています。

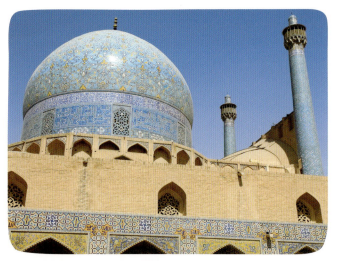

モスクのかべは、タイルによって作られた幾何学もようのパターン「アラベスク」でかざられている。どこまでも続くかのようなアラベスクもようは、無限に広がるアッラーの世界を表している

モスクの装飾には、アラビア文字を美しくデザインしたカリグラフィーも用いられる。アラビア書道ともよばれ、クルアーンの一節などがえがかれている

アルハンブラ宮殿

スペイン・グラナダの丘の上に建つ、巨大な宮殿です。スペインのあるイベリア半島をおさめた最後のイスラム王朝「ナスル朝」によって作られました。その後、キリスト教徒によって征服され、モスクを教会に作りかえるなど手が加えられますが、中庭やタイルの装飾など、イスラム風の要素はあちこちに残され、今も代表的なイスラム建築のひとつに数えられています。

コラム

日本にくらすイスラム教徒

日本にくらすイスラム教徒は、インドネシア、バングラデシュ、パキスタン、イランから来た人が多いといわれています。日本人のイスラム教徒は、外国から来たイスラム教徒と結婚することで、信者になった人がほとんどです。

他の国々と同じように、日本でのイスラム教徒も増える傾向にありますが、そのわりに礼拝スペースやモスクの数は少ないままです。イスラム教には食べ物の決まりもあるため、対応しているレストランやハラール食品（→P73）がまだまだ少ないことも、信者にとってはとても大きな問題となっています。

しかし、最近になって、東京や大阪などの大都市で、駅の構内に礼拝スペースがあらたに作られたり、イスラム教徒のためのグルメ検索サイトができたりするなど、いろいろなところで少しずつ、イスラム教徒が住みやすくなる工夫が始まっています。これは、日本に仕事や観光でおとずれるイスラム教徒にとっても、うれしいニュースでしょう。

世界の人々とともに生きる現代。人種や信仰に関係なく、すべての人がくらしやすい町づくりを進めていきたいですね。

日本で最大のイスラム教モスク「東京ジャーミイ」。東京近辺にくらすイスラム教徒たちが礼拝におとずれるほか、信者ではない一般の人たちの見学も受けいれている

2017年に開設された、東京駅の中にある祈祷室。1日5回の礼拝を行うイスラム教徒にとって、外出先にこのようなスペースが確保されていることは、大きな安心につながる

ハラールグルメジャパン

https://www.halalgourmet.jp/ja

日本でイスラム教徒が安心して食事ができるように、ハラール食品をあつかうレストランや食料品店などの情報を提供するサイト

イスラム教徒の人たち向けのレストランがあるなんて、知らなかった！

ヒンドゥー教
HINDUISM

生と死をくり返す
輪廻から、自由になる

さまざまな神々を信じ、よい行いを積み
自分と宇宙が一体だと悟ることによって
あらゆる苦しみから自由になろう

- 生まれた時期：はっきりしない
- 開いた人：なし
- 信者の数：約10億人
- 信者の多い国・地域：インド

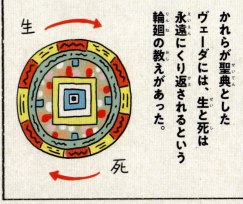

ヒンドゥー教の教え

今日のヒンドゥー教は、インドの古い宗教、バラモン教から発展したものです。バラモン教から受けついだ、さまざまな神々への信仰と輪廻という考えかたを基本に、仏教（→P40）などの影響も受けて完成しました。

スタート

1 人は、生と死を永遠にくり返す輪廻の中で生きているという思想が基本です。今の世でよい行いをすれば、**来世**でよい生まれ変わりができ、反対に、悪いことをすれば、来世は今よりも悪くなる、と考えられています。

2 そんな来世への不安をつねにかかえながら生きることは、苦しいこと。だから、不安や苦しみから自由になろうというのが、ヒンドゥー教の最終目標です。つまり、輪廻からの**解脱**をめざします。これは仏教も同じです。

3 人々の多くは神々（男性の神と女性の神がいる）にあつい信仰をささげることで、解脱に向かおうとします。**ヨーガ**を行うのも、解脱に向かう方法のひとつとされます。

ヴィシュヌ神
温和でやさしい男性の神。魚やかめ、さまざまな神話に登場する人物など、10もの化身をもつ。妻は、美しさや幸運を司る女神ラクシュミー

輪廻の世界・生・「自分」の本体 アートマン・祈り・ヨーガ・死・神々への信仰

ゴール
解脱！
幸福の中、大宇宙へとかえる…

梵我一如

宇宙の根本 ブラフマン

ブラフマー神
宇宙の根本、ブラフマンを神の形にしたもの。世界を創造したとされる。シヴァ神、ヴィシュヌ神にくらべると人気は低い

4 信仰やヨーガのさらに先にあるのが、**梵我一如**という思想で、宇宙の根本である梵（ブラフマン）と、「自分」の本体である我（アートマン）は同じものだという考えかたです。梵我一如を悟ることで、輪廻への不安や、生きる苦しみなどは消え、解脱が果たされます。

生まれ変わりのシステム
業（カルマ）とよばれる善悪の行いを、どれだけ積んだかで来世が決まる。

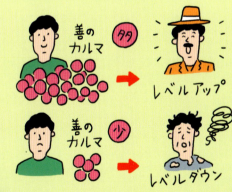

善のカルマ 多 → レベルアップ
善のカルマ 少 → レベルダウン

シヴァ神
破壊と再生、正反対の性格をあわせもつ。おどる神としても知られる。妻は、温和なパールヴァティーなど。息子は、象の頭をもち、富や学問の神であるガネーシャ

世界はブラフマーによって創造され、ヴィシュヌによって保たれ、シヴァによって破壊されるともいわれておる。ヒンドゥー教には、他にもたくさんの神々がおるぞ！

知りたい！

ヒンドゥー教徒ライフ

ヒンドゥー教を信じている人たちは、いったい、どのような毎日をすごしているのでしょうか。ヒンドゥー教徒の男の子の、とある1日をのぞいてみましょう！

〜ラフルくんの1日〜

ナマステー（こんにちは）！ぼくは、インド人のラフル。10歳だよ。ヒンドゥー教を信じているぼくの1日をしょうかいするね！

- 6:00 起きる
- 6:30 お祈り
- 7:00 朝食
- 8:00 登校
- 11:30 給食
- 13:00 下校
- 17:00 夕食
- 20:00 ねる

サイコー！！

ヒンドゥー教徒の家には、必ず神様をまつる祭壇があるよ。ぼくの家では、信仰している**シヴァ神**がまつられていて、お母さんは、毎朝起きるといちばんに祭壇のろうそくに火をともし、水や食べ物をおそなえするんだ。この儀式は**プージャー**とよばれているよ。ぼくも、起きたらすぐにお祈りをする。今日も、1日元気にすごせますように。

今日の給食はダール（豆の入ったカレー）！ みんな大好きなメニューだよ。インドには肉を食べない**ベジタリアン**が多いから、チキンなど肉の入ったカレーより、豆や野菜のカレーが人気なんだ。ちなみに、ヒンドゥー教では牛は神聖な動物とされているから、ぜったいに口にしない。ビーフカレーなんて、ありえないよ！

この世をよりよく生きるために…

ヒンドゥー教では、人生の節目に行う儀式（**サンスカーラ**）が40ほども定められています。しかし、一般的に行われるのは16くらいで、中でも重要なのは誕生式、入門式、結婚式、葬式の4つとされています。これらの儀式は、毎日のプージャーやさまざまなお祭り、**ダルマ**とよばれる生きかたのお手本にそった行動などとともに、今の世をよりよく生きるために大切なこととされています。

入門式は、男子の成人式のようなもの。髪の毛をそり、僧から聖なるひもをかたにかけてもらい、聖典ヴェーダをさずけられる

ダルマとは、「このように生きなさい」という生きかたの決まりで、よい生まれ変わりにつながる業（カルマ→P79）を定めるものでもあるのじゃ

ヒンドゥー教のお祭り

ヒンドゥー教には、たくさんのお祭りがあり、収穫を祝うもの、神々をたたえるものなど、その意味や形もさまざまです。中でも「三大祭り」とよばれる、3つの重要なお祭りをしょうかいしましょう。

ダシャハラー　9〜10月

秋の始まりを祝うお祭りで、10日間行われる。シヴァ神の妃ドゥルガー女神の像をおまいりし、歌やダンスをささげ、最後にヴィシュヌ神の化身ラーマ王子を祝って、叙事詩『**ラーマーヤナ**』をよみあげる。

ディーワーリー　10〜11月

秋の収穫を祝うお祭りで、5日間行われる。ヴィシュヌ神の妃ラクシュミーをまねくため、家の玄関や窓、屋上など、あらゆるところに小さな灯明を置く。その光景の美しさから「光の祭典」ともよばれる。

ホーリー　2〜3月

春のおとずれを祝うお祭り。初日に、1年の罪をはらい清めるため、魔王の妹ホーリーカーの人形を焼く。次の日は、身分や性別に関係なく、色つきの粉や水をかけあい、町も人も、全体がカラフルにそまる。

写真は、インド人が多くくらす、東京・江戸川区西葛西でのホーリー祭り。日本でくらすインド人にとっても、ホーリーは大切な行事のひとつ。宗教を問わず、だれでも参加できる

今も残る階級制度

バラモン教の時代に生まれた、司祭バラモンを頂点とする階級制度、ヴァルナ（四姓）は、ヒンドゥー教にも引きつがれ、身分の大きな枠組みとなっています。この枠組みの中で、さらに細かい職業や生活の集団、ジャーティーに分かれ、生まれたジャーティーの中で育ち、働き、結婚するのが伝統的なくらしかたです。ヴァルナとジャーティーを合わせて、**カースト**とよぶこともあります。現代では、こうした身分制度は批判されています。

ヴァルナに入ることができない、もっとも低い階級にいる人々。長年、ひどい差別を受けてきたが、現在のインド憲法では、差別を禁止している

ユダヤ教
JUDAISM

生まれた時期：紀元前13〜12世紀ごろ
開いた人：なし
信者の数：約1500万人
信者の多い国・地域：イスラエル、アメリカ

神との
約束のもとに…

神ヤハウェを信じ
約束をきびしく守ることで
ユダヤ人のひとりとして正しく生きよう

こうしてユダヤ教は生まれた！
~ YA・KU・SO・KU ~

はるか昔、紀元前13世紀ごろ、今のパレスチナ地方にイスラエル人（ヘブライ人）という民族がくらしていた。

「ファラオに守られた安心・安全なくらしをあなたに！」「移住者大募集！」「エジプトだって行ってみるか…」

エジプトで、イスラエル人は奴隷として働かされた。「だまされた…」

苦しむイスラエル人を見て、神は動いた。「モーセよ、わたしの民をエジプトから救いだし、約束の地、カナンへとみちびきなさい」

仲間たちを何とかエジプトから連れだすことに成功したモーセだったが…「ファラオの軍が追ってくるぞ！」

目の前は海。絶体絶命！神は、ふたたび動いた。「つえを海にさしのべなさい」

ゴゴゴゴ

神ヤハウェよ、感謝します

そして、シナイ山にやって来たモーセたちはまた、神の奇跡を見る。

「こ、これは…！」ドカーン　ゴロゴロ…
神は、人々が守るべき約束を石の板に記したのだ。

✦ユダヤ教誕生✦
こうして、かれらの神との約束を守る生活が始まった。

長くつらい旅の果てに、イスラエル人たちはカナンに着いた。「モーセさん、ここが神との約束の地なのですね…」

カナンを征服したイスラエル人たちは、やがて「イスラエル王国」を建てた。その後、国がほろび、かれらは散り散りになったが、ユダヤ教はなくならなかった。今日も、世界各地で「約束」は守られつづけている。
完

ユダヤ教の教え

のちにキリスト教（→P52）、イスラム教（→P64）を生みだしたユダヤ教は、世界でもっとも古い宗教のひとつです。唯一の神ヤハウェを信じ、その神との約束を守ることを何よりも大事にするユダヤ教の教えをまとめると、このようになります。

1 神ヤハウェが世界のすべてを創造したことを信じ、そのヤハウェがモーセを通してあたえた、さまざまな律法（戒律）を守ってくらすことが教えの基本です。律法は、キリスト教でいう旧約聖書の始めにある5つの書、モーセ五書にくわしく定められています。

律法 ＝ モーセ五書 ＝ トーラー

二 出エジプト記

エジプトで奴隷として働かされていたイスラエル人をモーセが救いだし、約束の地へとみちびく物語（→P83）。とちゅう、モーセが神から授かる十戒の他にも、神殿の作りかた、儀式や安息日（→P86）についての決まりなど、多くの戒律が記されている。

一 創世記

神が天と地、植物や動物、人間などをつくったという「天地創造」や、最初の人間アダムとエバが神との約束をやぶり楽園を追われる「失楽園」（→P54）、悪いことばかりする人間を神が洪水でほろぼす「ノアの箱舟」など、人間と神との関係を表す神話が多い。

モーセの十戒

1. 他の神々を拝んではいけない
2. 偶像を作ってはいけない
3. ヤハウェの名をいたずらに唱えてはいけない
4. 安息日を守りなさい
5. 父母をうやまいなさい
6. 殺害してはいけない
7. 姦淫（道徳に反する性行為）をしてはいけない
8. 盗んではいけない
9. うその証言をしてはいけない
10. まわりの人のものを欲しがってはいけない

> 明日は安息日だな。食事を作りおきしておかないと…

> 来年には、息子もバル・ミツバ（→P87）か。りっぱなユダヤ教徒になってほしいものだ

3 年中行事や、人生の節目に行う通過儀礼もとても大切にします。ユダヤ教の一員として、仲間たちと同じルールのもと、正しい人生を送ることを理想としているのです。

タルムード

2 モーセ五書とならび、ユダヤ教で聖典とされるのが**タルムード**です。モーセ五書にある律法は大昔に書かれたため、意味がよくわからなかったり、あいまいな部分も多くあります。そこで、律法を解説する文書を集めたタルムードが役立ちます。ユダヤ教徒にとっての「くらしの百科事典」のようなものです。

こまったときは**ラビ**へTEL！　お気軽にどうぞ！

聖職者は**ラビ**とよばれる。タルムードにもくわしい、ユダヤ教徒の「くらしのアドバイザー」的な存在で、正しい教えを伝えたり、儀式をとりおこなったりする

三 レビ記

「ささげ物に関する決まり」「清浄と不浄の区別」「祝日に関する決まり」などがくわしく説明される。食べてよいもの（カシェール、コーシェル）と食べてはいけないもの、食べかたについての細かな規定もある。

食べてはいけない！　など…

四 民数記

出エジプト記に続く物語。シナイ山を出発したモーセたちが、荒れ野で苦難の旅を続ける。

五 申命記

自分の死を知ったモーセが、イスラエルの民に話したことをまとめたもの。さまざまな律法について説明し、神にしたがうように説く。

預言者 ネビーイーム

さまざまな預言者が書いた文書をまとめたもの。国がほろんだ原因を、人々が神を軽んじたためだとして、イスラエル人は不正をやめるよう主張する「イザヤ書」など

諸書 クトゥービーム

人間の知恵は、神の知恵にかなわないことをしめす「ヨブ記」など、教訓をふくむ物語や詩などを集めたもの

旧約聖書 = ユダヤ教典「タナハ」

トーラー、ネビーイーム、クトゥービームを合わせた3つの書は**タナハ**とよばれ、ユダヤ教の教典とされる。

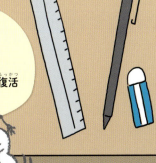

ユダヤ教では死後のことはあまり気にしないようじゃ。今の生活が大事なんじゃな。それでも、世界の終末のときには死者の復活があると考えておる

ユダヤ教徒ライフ

~サラの1日~

ユダヤ教を信じている人たちは、いったい、どのような毎日をすごしているのでしょうか。ユダヤ教徒の女の子の、とある1日をのぞいてみましょう！

シャローム（こんにちは）！わたしはイスラエルでくらすユダヤ人、サラです。10歳よ。今日は働いてはいけないシャバト（安息日）のすごしかたをしょうかいします

- 17：00　日没とともにシャバトがスタート
- 18：00　夕食
- 19：00　家族でだんらん
- 21：00　ねる
- 7：00　起きる
- 9：00　礼拝
- 13：00　昼食
- 14：00　家族でのんびり
- 17：00　日没とともにシャバトが終了

ユダヤ教では、日没が1日の始まりだから、**シャバト**のスタートも金曜日の日没から。ろうそくに火をともし、昼間のうちに作っておいた夕食を家族そろって食べ、聖なる日をお祝いします。シャバト中は、家事や勉強はもちろん、車の運転もダメ。電車もバスも止まっちゃうから、家でのんびりしたり、お祈りをしたりしてすごします。

一夜明けた土曜日も、シャバトは続いています。朝ごはんのあとは、家族で近くの**シナゴーグ**（ユダヤ教の会堂）の礼拝へ。1週間の無事を神様に感謝し、**ラビ**が**トーラー**の1節を読みあげます。帰ったら、また家族でのんびり。聖書を読んだり、近所を散歩したり……。そして、日没をむかえたら、シャバトはおしまい！次のシャバトまで、またがんばろう！

エレベーターのボタンも押せない？

ユダヤ教は、その信仰のしかたによって主に4つの宗派に分かれます。その中でも、もっともきびしく律法を守ろうとするのが**超正統派**とよばれる人たちで、反対に、現代の生活を大事にして、食事の決まりなどにはしたがわない人たちは、**改革派**とよばれます。安息日のすごしかたも、宗派によってかなりちがいがあります。超正統派、あるいは正統派の人たちは、「電気をつける」「カサをさす」「エレベーターで行き先のボタンを押す」なども「労働」と考え、さけるようにします。一方、改革派では、ふだん通りにすごす人も多いといいます。

超正統派のユダヤ教徒。黒いぼうしに黒いスーツ、もみあげをのばしているのがとくちょう

大切な行事・儀式

ユダヤ教では、1年を通してたくさんの行事、お祭りがあり、ユダヤ教徒はそれらをとても大切にしています。春に行われる**ペサハ**（過越しの祭り）、秋に行われる**スコット**（仮庵の祭り）など、どれも聖書で定められていたり、祖先が歩んだ歴史を記念したりするものです。中でも、いちばん大事なのが**ヨム・キプル**（贖罪の日）です。

ヨム・キプルは、ユダヤ暦（→P121）の最初の月の10日に行われる、1年間の自分の行動をふりかえる日。いつもの安息日のルールに加え、この日は飲食も禁止。生きたニワトリを頭の上にかざす儀式を行い、罪をはらう

12、13歳で成人式！

誕生日や結婚式など、人生の節目に行う**通過儀礼**も、ユダヤ教の伝統として大切に受けつがれています。たとえば、男の子なら13歳、女の子なら12歳で行う成人式、**バル・ミツバ**（女の子は**バット・ミツバ**）です。この「成人」は「戒律を守れる年齢になった」という意味で、この日、成人した子どもはシナゴーグで初めてトーラー（→P84）を朗読します。これをもって、ユダヤ教徒の一員としてみとめられるのです。

世界に広がったユダヤ人

ユダヤ人の祖先、イスラエル人が最初に建てた国家は、紀元前6世紀ごろにほろび、民族はバラバラになりました。これ以降、ユダヤ教を信じていた人々はユダヤ人とよばれるようになり、国ではなく、宗教をよりどころにしながら、世界の各地でくらしてきました。そして、1948年、ユダヤ人は今のパレスチナに、イスラエルの独立を宣言します。誕生した**イスラエル**には、現在500万人ほどのユダヤ人がくらしていますが、ほぼ同じ数のユダヤ人がアメリカにもいて、フランス、イギリスにも多くのユダヤ人がいます。日本にも、2000人ほどのユダヤ人がくらしているといわれ、シナゴーグも神戸や東京などの4つが知られています。

昔のイスラエル人がユダヤ教を始め、その後、国をなくしてユダヤ人となった。「ユダヤ教徒」と「ユダヤ人」は、ほぼ同じ意味で使われておるのじゃ

神道 SHINTO

自然に宿る神々に感謝

自然に宿る神々をうやまい
その力をいただきながら
「和」を大切に生きていこう

生まれた時期：はっきりしない
開いた人：なし
信者の数：約9000万人〜1億人
信者の多い国・地域：日本

神道の教え

神道は、日本で生まれ、受けつがれてきた日本独自の宗教です。多くの日本人の心に深く根付いている神道の教えをまとめると、このようになります。

1 神道では、**あらゆるものに神々が宿っている**と考えます。これを**八百万の神**といいます。

山

八百万の

御利益
合格者発表
やったぁ！

巨樹

土地
（産土神）

岩

●●高校に合格できますように…

井戸
（水の神）

2 神々に感謝し、祈ることで、よいこと＝**御利益**があるとされます。反対に、神に逆らったり、罪をおかしたりしたときには、神が災害や不幸などを起こしてわたしたちをこらしめると考えられています。それを神の**祟り**とよびます。

米つぶ

日本の神話

神道には、キリスト教（→P52）でいう聖書のような、教えをまとめた書物（教典）はありません。しかし、奈良時代に完成した歴史書『古事記』と『日本書紀』には、日本をつくった神々の話など、多くの神話がまとめられており、教典に近い書物とされています。

神話に登場する神々

イザナギとイザナミ
日本列島をつくり、さらに海の神、川の神、風の神など、さまざまな神を生んだ

ツクヨミ
月の神。アマテラスと仲たがいをしたため、昼と夜が完全に分かれたとされる

アマテラス
太陽の神で、天皇家の祖先とされる

スサノオ
海を支配していたが、乱暴をはたらき出雲に追放される

田んぼ
神
祟り
ぎゃー！

家（氏神）

トイレ

かまど（火の神）

なくなった人

和

3 神道では、神々が宿る自然をうやまい、まわりの人たちと助けあって生きる**和の心**を大切にしています。自然との和、人との和を乱すことなく、平和に生きることをめざしているのです。

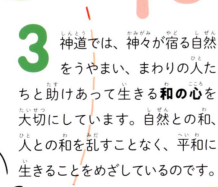

神様なんて関係ないね！

日本では古くから、ご先祖様などなくなった人の霊もやがて神となり、自分たちを見守ってくれていると考えられてきたのじゃ

神道の主な行事

神社では、毎年決まった日に、さまざまな祭りが行われています。中でも重要とされる3つの祭り「三大祭り」を見てみましょう。

例祭（例大祭）

その神社ができた日や、まつられている神と関係の深い日などに行われる。毎年開催される祭りの中では、その神社にとってもっとも重要なもの。おみこしが出るなど、盛大に祝われる。

祈年祭

2月に行われる祭りで、1年の豊作を祈る。大昔、農民が田の神に祈ったものが始まりとされる。もみがらのあるものとないもの、2種類の稲を神にそなえる。

新嘗祭

その年の収穫を神に感謝する祭りで、11月23日に行われる。宮中でも、天皇陛下が稲を神にささげ、自らも新米をめしあがる行事がある。この日は「勤労感謝の日」として、国民の祝日となっている。

神社のなぞQ&A

Q1 お守りの中には、何が入っているの？

A1 木の板や布、紙などでできた、小さなお札が入っている。お札には、その神社でまつられている神の名前や、お祈りの言葉が書かれていて、ふくろに入れる前に神にそなえて、祈りの念がこめられる。

Q2 おみくじを木の枝にくくりつけるのはなぜ？

A2 おみくじは、引いた人の運勢を大吉、吉、凶などの種類でしめすもの。神のお告げのひとつとされる。木の枝に結ぶのは、「神と縁を結ぶ」ためともいわれるが、アドバイスなども書かれているので、家に持ちかえって大切に読み、保管するのが基本。

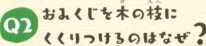

Q3 正しいおまいりのしかたは？

A3 まず、鈴を鳴らしておまいりに来たことを神に知らせる。それから、「二拝二拍手一拝」といって、2回おじぎをして2回手を打ち、最後にもう1回おじぎをするのが一般的。

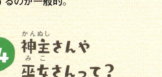

Q4 神主さんや巫女さんって？

A4 神主は、神社で神に仕える仕事をしている人で「神職」とよばれる。さまざまな儀式や祭りなどを通して、人々の願いを神に伝える。巫女は、神社で神職を助ける仕事をしたり、神にささげる舞をおどったりする女性のこと。

神主が持っているものは大幣とよばれ、これを頭の上で左、右、左の順でふると、けがれをはらうことができるとされる

いろいろな宗教

これまでに見てきた宗教の他にも、世界にはさまざまな宗教があり、それぞれの教えを大切に生きる人たちがいます。主なものをしょうかいします。

儒教
CONFUCIANISM

- 生まれた時期：紀元前5世紀ごろ
- 開いた人：孔子
- 信者の数：約630万人
- 信者の多い国・地域：中国、韓国

中国には、祖先をうやまい、親への孝行にはげむことを大事にする「孝」という考えかたがあります。それを発展させ、儒教を生みだしたのが、紀元前500年前後にかつやくした思想家、孔子です。

孔子は中国各地を回り、仁（人を愛すること）と礼（儀式や他人への礼儀）のふたつを大切にするよう説きました。孔子の死後、多くの弟子たちによって、孔子の言葉をまとめた『論語』が作られました。孔子の後をつぐ孟子、荀子などのすぐれた学者もあらわれ、儒教が完成していきました。

日本では、宗教というよりもひとつの学問として広まり、礼儀を大切にする、年上の人をうやまうなど、日本人の思想に大きな影響をあたえました。

『論語』には、他にも生きるヒントになるようなすばらしい名言がたくさんあるぞ。孔子は世界中の人々からそんけいされておるのじゃ

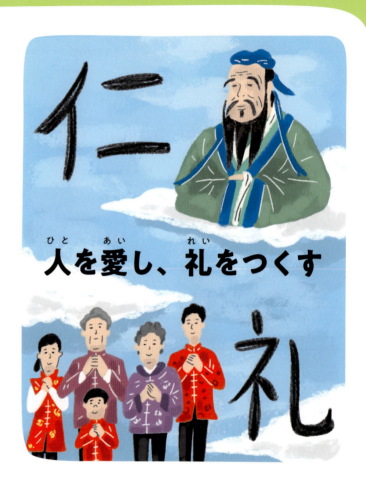

人を愛し、礼をつくす

『論語』にある孔子の名言

過ちて改めざる。これを過ちという。
だれでもまちがえるが、本当のまちがいは、まちがえたことを知っても、それを正そうとしないことである。

人知らずしてうらみず、また君子ならずや。
人がわかってくれなくても、うらまない。それがカッコイイ生きかたである。

道教
TAOISM

生まれた時期：はっきりしない
開いた人：老子、荘子
信者の数：約330万人
信者の多い国・地域：中国、韓国

あるがままに生きる

道教は、儒教、仏教（→P40）とともに、中国を代表する宗教のひとつです。中国で古くから信じられてきた神々への信仰や、呪術などのさまざまな風習がもとになっています。そこに、**老子**という思想家が説いた**道（タオ）**という考えかたが加わり、他の宗教などの影響も受けて成立しました。

道とは、人が通るべきところ、宇宙や自然の法則というような意味で、その道と一体となることが、道教の究極的な目標とされます。そのために必要なのが、**無為自然**であること。何かをしようと思ってするのではなく、あるがままの状態で、自然に身をまかせて生きようという思想で、老子の後をついだ思想家、**荘子**が説きました。無為自然に近づくための方法として、呼吸法や、**太極拳**（→P34）などの身体技法も発展しました。

道教では、自然と調和して生きた結果、老いることも死ぬこともない「不老不死」の仙人となることを理想としている（神仙思想）。じっさいに、年を取らない薬を作る練丹術なども行われていた。左は仙人のすがたをえがいたもの

野口幽谷（模写）、顔輝（原本）
「蝦蟇鉄拐図（模写）_右幅」
東京国立博物館蔵
Image:TNM Image Archives

道教のシンボル「太極図」

このマーク、見たことがありますか？　これは**太極図**とよばれ、道教のシンボルマークとしてよく使われるものです。

中国に古くからある、「すべてのものは**陰**と**陽**というふたつの相反する性質をもち、それらが調和することで世界が成り立っている」という**陰陽思想**を示したものです。黒は陰、白は陽を表し、陰が高まればやがて陽になり、陽が高まればやがて陰になる。そして、小さいふたつの丸は、陰の中にも陽があり、陽の中にも陰があることをしめしています。

道教の信者は、この図のように、陰と陽のバランスをうまく保つことで、道にしたがって生きることができると考えています。

ゾロアスター教
ZOROASTRIANISM

- 生まれた時期：はっきりしない
- 開いた人：ザラスシュトラ
- 信者の数：約12万人
- 信者の多い国・地域：イラン、インドの一部

世界でもっとも古い宗教のひとつであり、古代イランの神々への信仰を、預言者ザラスシュトラ（英語で書くと「ゾロアスター」と読む）がよりわかりやすい形にしたものだと伝えられています。

信者は**最高神アフラ・マズダー**と悪霊との戦いを信じ、人間は「善」であるアフラ・マズダーを選び、「悪」を退けることで救われると考えます。イラン人の多くはイスラム教徒となったので、ゾロアスター教は少数派になりました。

善となり悪と戦う

ゾロアスター教では、善（光）の象徴として火を大切にする。寺院では、聖なる火が燃えつづけているのじゃ

ジャイナ教
JAINISM

- 生まれた時期：紀元前5世紀ごろ
- 開いた人：マハーヴィーラ
- 信者の数：約300万人
- 信者の多い国・地域：インド

仏教を開いた釈迦と同じ時代のインドに生まれた、マハーヴィーラが開いた宗教です。仏教と同じ、**悟る**ことで永遠に続く**輪廻からの解脱**をめざします。

仏教とのちがいは、その修行のきびしさ。出家者は「大警戒」とよばれる5つのルールを守ってくらしますが、たとえば「不殺生」というルールを守るために、空気中の小さい虫も吸わないよう、つねに口を布でおおいます。また「無所有」というルールにしたがうため、服すら身につけず、はだかでくらす宗派もあります。もちろん肉は食べず、信者はみな野菜しか食べないベジタリアン（菜食主義者）です。

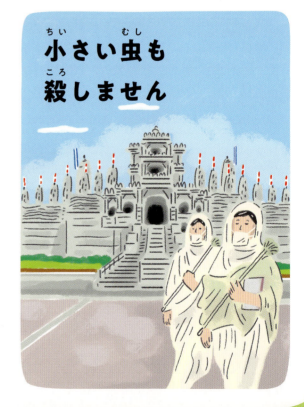

小さい虫も殺しません

シク教
SIKHISM

グルは「師」、シクは「弟子」という意味。つまり「グルの弟子たちによる宗教」がシク教ということになるのじゃ

- 生まれた時期：16世紀初め
- 開いた人：グル・ナーナク
- 信者の数：約3000万人
- 信者の多い国・地域：インド

16世紀初めごろのインドで、グル・ナーナクが開きました。そのころのインドでは、すでにヒンドゥー教（→P76）が広まり、西からイスラム教（→P64）も入ってきていました。ヒンドゥー教と同じ、**輪廻からの解脱**をめざしながら、イスラム教のような**「唯一の神」**を信じるという教えになったのは、そのような時代背景があったためと考えられます。

信者は聖典を毎日読み、「真実、満足、奉仕、忍耐、謙遜」という5つの美徳を守ります。階級制度（カースト→P81）を否定し、宗教のちがいをこえて貧しい人々へ奉仕します。

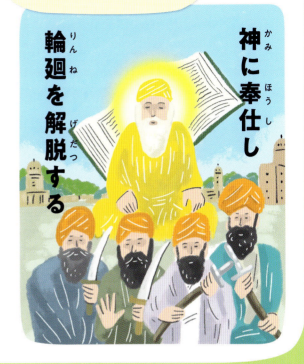

神に奉仕し輪廻を解脱する

ブードゥー教
VOODOO

- 生まれた時期：18世紀ごろ？
- 開いた人：なし
- 信者の数：不明
- 信者の多い国・地域：ベナンなど

南アメリカの島国、ハイチで生まれた宗教です。もともと、この地を支配していた白人たちが奴隷として連れてきた、アフリカの黒人の文化から生まれました。そこにキリスト教の要素も加わったため、教会に十字架があったり、聖母マリアなどをあがめる習慣があったりします。儀式では、太鼓の音に合わせたダンスや歌、動物のいけにえなどが行われます。

たくさんの神々や精霊たちがいるとされ、**神官**（神に仕える役目の人）がそれらを体に乗りうつらせて、予言や助言をあたえます。

神や精霊とともにおどろう！

日本の新宗教

日本の新宗教は、もとになっている宗教によって「神道系」「仏教系」に分けることができるぞ

ここまで、大昔から今まで続く世界の宗教をたくさん見てきました。しかし、この他にも宗教はたくさんあり、新しい宗教も生まれつづけています。とくに近年、政治や経済の形が大きく変わる中で生まれた宗教を「新宗教」といいます。日本では、江戸時代の終わり以降から、いくつかの有名な「新宗教」が誕生しました。どんなものがあるか、見てみましょう。

天理教　神道系

江戸時代の終わりごろ、中山みきという女性に神がのりうつる事件をきっかけに始まった。この世は「天理王命」という神がつくったとされ、人間はその神から体を借り、神によって「生かされている」と説く。中山みきが教祖となる。人間がたがいに助けあってくらすことで、神が望む平和で豊かな世界「陽気ぐらし」が実現できるとしている。

大本　神道系

明治時代半ば、「艮の金神」が出口なおという女性にのりうつり、世界を立てなおすなどのお告げ（神諭）を書かせたことに始まる。出口なおと、その娘むこの出口王仁三郎が教祖となって教団ができると、多くの信者が集まり、大きな影響力をもった。その力の大きさをおそれた政府から、建物をこわされるなどのきびしい取りしまりを受けたことがある。

立正佼成会　仏教系

大本とほぼ同じ時期に誕生した仏教系の新宗教「霊友会」の信者だった庭野日敬と長沼妙佼が、独立して開く。釈迦の教えや法華経の経典について学び、人間性をみがくことをすすめる。世界平和のための活動にも取りくみ、さまざまな宗教が協力しあうことをうったえている。教育、医療、出版などの事業も行う。

創価学会　仏教系

昭和の初め、小学校の校長だった牧口常三郎が、戸田城聖とともにつくった「創価教育学会」からスタートした。法華経と日蓮の教えを広めることで、すべての人の幸福と平和な世界の実現をめざす。信者数が多く、海外で教えを広める活動も熱心に行っている。

3章

そもそも宗教 Q&A

世界のさまざまな宗教についてわかってくると、

今度は、たくさんぎもんがわいてきます。

「神様って、本当にいるの？」「信じるって、どういうこと？」

そんな、「そもそも……」なぎもんに、まとめてお答えします！

そもそも、神様って本当にいるの？

何か信じる宗教がある人は、「神様がいる」って思ってるんだよね？
でも、神様って見えないし、会ったことがある人も知らないよ……。
それなのに、神様がいるって、本当なのかなあ？

心がたしかに「ある」ように…

　もし「神様」を、この本が手に取れるように「ある」、みんなのクラスの先生が毎日教室に来るように「いる」ような存在と考えるならば、部屋の中、町の中、自然の中、あるいは地球のどこか、宇宙のどこかに探しだしたくなりますね。

　でも、神様を信じている人は、そのようにして神様と出会えるとは思っていません。神様は、物や人のようにどこかに存在しているわけではない、と考えることが多いようです。

　では、「神様がいる」とは、どのようなことなのでしょうか？

　たとえば、次のように考えてみましょう。わたしたちの中にあって、たしかに働いているけれども、手に取ることも、目で見ることもできないものがあります。それは、「心」や「命」。神様を信じる人にとって神様は、ちょうどそのようなありかたで存在しているのです。

A 「神様がいる」とは、神様の「働き」が感じられるということです。

それは、わたしたちの中に「心」の「働き」が感じられるのに似ています。

神様という「働き」がある

どんな人も、心臓、肺、脳、筋肉など、同じような体のしくみをもっているのに、一人ひとりがまったく別の心をもち、「かなしい」「うれしい」「くやしい」などと感じています。他人の心を見たり、手に取ったりすることはできませんが、わたしたちは、だれもがそれぞれに心をもっていることを信じていますし、友だちや家族がどんな心をもっているか、感じることもできます。さらに、言葉をもたない生き物たちの心を感じる人もいます。

神様の存在を感じている人の感覚は、これに似ているといえるでしょう。世界の中に、自然の中に、あるいは世界を見守るようにして、**生きて働いている大きな心のようなもの**がある。それを「神様」とよんでおこう、というのです。

目には見えなくても、神様は今日も世界中を飛びまわり、人々を動かしたり、何かをあたえたり、生みだしたりしている。そんな神様は、とっても働き者ですね。

宗教を「信じる」ってどういうこと？

神様とか、見えないものを信じていたり、特別な教えやルールの通りに生きていたり、宗教を信じる人って、すごく特別な人のような気がしちゃうんだけど……？

「神様のおかげで生きている」と感じることです。

それは、ものすごく特別な感情というわけではありません。

> 神様のおかげだけど、ずっとおうえんしてくれていたファンの人たちにも感謝したいなあ

> 仏様やご先祖様のおかげだ

教えを「信じる」だけじゃない

多くの宗教は、世界のしくみ、神様・仏様などについての考えかたなど、その宗教ごとの教えをもっています。たとえば、キリスト教の場合、「この世界はすべて神様がつくった。よい行いをすることで天国に行こう」という教えがあります（→P54）。このような、その宗教がもつ教えをたよりにして、行動すること。それが、宗教を「信じる」ことの第一歩です。

宗教を「信じる」には、まだその先があります。それは、「自分は、自分の力で生きているのではなく、神様・仏様によって生かされているんだ」と心の底から思うことです。

だれかの「おかげ」で生きている

もちろん、宗教を信じていない人でも、自分が「自分だけの力で生きている」と考えている人は少ないでしょう。家族、友だち、先生、近所の人……まわりにいるたくさんの人たちのおかげで、自分は毎日楽しくくらしている。ほとんどの人が、そのことに気づいています。何か信じる宗教がある人の場合、そこに「神様」という存在が加わります。

神様のおかげで、自分は今ここにいて、幸せにくらしている。もし、何かいいことが起これば「自分ががんばったから」ではなく「まわりの人がささえてくれたから」と考え、そして何よりもまず**「神様のおかげ」**と考える。それが、宗教を「信じる」ということなのです。

ただし、宗教を信じる強さは、人によってちがいます。それは、1日のうち、どれくらい「神様のおかげ」と感じるかどうかのちがい、ともいえます。ただ、「すべて神様のおかげなのは当たり前だから、ふだんはあまり意識しない」という人もいます。これは、家族がいるのは当たり前だから、いつもは「ありがとう」なんて思わない、というのと同じです。

信じるものはちがっても、自分以外のだれかに感謝する気もち、そして、人とのつながりを感じたい気もちは、みんな同じなのです。

死んだらどうなるの？

天国や地獄に行く？　生まれ変わる？
それとも、消えてなくなるだけ？
ちょっとこわいけど、ついつい考えちゃう！
だれか教えてー！

　わたしたちは、ひとり残らず、いつか必ず死ぬ運命にあります。ただ、それが明日なのか、1年後なのか、50年後なのかはだれにもわかりません。わたしたちはつねに「すぐに死ぬかもしれない」恐怖を胸の奥にかくしながら、生きているのです。

　でも、自分が死んだ後、どうなるのかがわかれば、その恐怖も少しは小さくなりそうですよね。だから、人々の心を救うことを目的とする多くの宗教では、死んだ後のことについても説明しています。2章でも一部しょうかいしていますが、あらためて、ここでまとめて見てみましょう。

キリスト教　天国／審判

イスラム教　楽園／火獄／審判
神の審判により、よい行いをした人は楽園へ、悪い行いをした人は火獄へ

仏教　成仏／生まれ変わり
修行や信仰によって輪廻からぬけだせた人だけが、成仏できる

だれにもわからないけど、それぞれの宗教はこんなふうに考えているよ。

生きている人で「死んだことがある人」はひとりもいないので、たしかなことはわかりません。でも、多くの宗教では、死後の世界をいろいろな形でしめしています。

煉獄

地獄

神の審判により、よい行いをした人は天国へ、悪い行いをした人は地獄へ。ただし、煉獄で罪をつぐなうと天国に行けるとする宗派もある

日本の風習※

霊になって、家の裏山などから家族を見守る

※神道・仏教がまざっている。

　この絵のように、宗教によって死後の世界観はバラバラですが、共通していることがひとつだけあります。それは、**わたしたちは死ぬと霊や魂のような存在になる**ということです。

　死後の世界に向かうとき、わたしたちはすでに死んでいるので、生きていたときのような体はなく、意識だけがフワフワと存在していると考えられます。キリスト教で審判を受けるのも、仏教でアリに生まれ変わるのも、どちらも実体のない「霊のような存在」なのです。

　天国や地獄、生まれ変わりは信じないけれど、この「霊」の存在は何となく信じるという人はたくさんいます。大切な人がなくなったとき、「あの人はもういないけれど、きっとどこかから見守ってくれている」と思うことは、愛する人の死を乗りこえる助けになります。

　このように、霊の存在を信じる文化を**アニミズム**といいますが、まさにこのアニミズムが、すべての宗教のもとになっているともいわれています。

　死の先にも希望があるはず！　そんなすべての人の願いがアニミズムを生みだし、数々の宗教を誕生させたのかもしれません。

おばけやゆうれいも、宗教なの？

宗教の話に登場する天使や悪魔、霊とかって、おばけやゆうれいと同じもの？ だとしたら、おばけやゆうれいを信じるのも宗教ってことなのかな？

おばけやゆうれいの多くは、宗教と深く関係しています。

どちらも、宗教の基本の形ともいえるアニミズム（→P105）に起源をもっています。

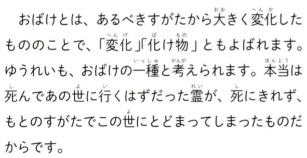

　おばけとは、あるべきすがたから大きく変化したもののことで、「変化」「化け物」ともよばれます。ゆうれいも、おばけの一種と考えられます。本当は死んであの世に行くはずだった霊が、死にきれず、もとのすがたでこの世にとどまってしまったものだからです。

　人間の意識が、体をはなれて霊や魂として存在することを信じる文化を**アニミズム**といいますが、おばけやゆうれいは、アニミズム信仰の上に成りたっているのです。

　ちなみに、「死んであの世で安らう」ことを仏教の言葉で**成仏**といいます。「成仏できない霊」であるゆうれいは、仏教的な文化とも関係があります。

　おばけやゆうれいの他にも、宗教の世界には、霊のさまざまなすがたが登場します。今日は特別に、いろいろな霊たちに集まってもらいました！ まわりの人には見えていないようですが……みんなは、かれらのすがたが見えますか？

お祈りとお願い、おまじないって、どうちがうの?

お祈りもお願いもおまじないも、心の中で「こうなったらいいな」と唱えるのはいっしょだよね。ちがいってあるのかな?

では、お祈りをする人とお願いをする人、おまじないをする人のようすを見てみましょう。明日は大事な算数のテスト。みんな、いい点をとろうと勉強にはげみ、そろそろねようとしているようです……。

おまじないやお願いをしている左のふたりは、具体的な自分の望みを唱え、それがかなえられるようにと強く願っていますね。ところが、お祈りをしている右のふたりは、神様や仏様への感謝の言葉が中心です。こうしたちがいがあるのは、お願いやおまじないをするときと、お祈りをするときでは、心にえがく世界がちがうからです。

多くの場合、人は**自分中心の世界**に生きています。自分にとってよいものはよい、悪いものは悪いと考

唱える人の「世界の中心」にあるものが、ちがいます。

お願いやおまじないは、自分のためにするもの。
お祈りは、まず神様にささげ、その先に、自分の幸せを願うもの。

> 天の父なる神様、今日1日のお守りを感謝します。明日もあなたに守られて、テストでも、勉強の成果を出せるように、どうぞおみちびきください。イエス様のお名前によって、お祈りします。アーメン

神様

自分

> ナム観音菩薩様、いつも守ってくださってありがとうございます。じいちゃん、ばあちゃん、明日のテストも一生懸命がんばるから、そっちから見守っていてね

え、自分が幸せと感じるかどうかを大事にします。自分の望みをかなえようとするお願いやおまじないは、このような自分中心の世界から生まれます。

一方、お祈りをする人の世界では、**中心にいるのは自分ではなく神様**です。世界をつくり、絶対的な力をもつ神様の判断にまかせる。神様が望むことが、世界も望むこと。だから、もしテストで100点をとりたいと思っていても、それをそのまま神様にお願いするのではなく、まず神様の教えにした

がって、神様の望むような自分になることから始めます。それができれば、他の望みも自然にかなえられるはず、と考えるのです。

お祈りとはこのように、自分の望みをいったん神様にゆだね、神様の望みがかなうように願うことで、回りまわって自分も幸せになろうとするものです。自分の幸せをストレートに実現しようとするお願いやおまじないよりも、だいぶ遠まわりな方法かもしれませんね。

Q 宗教を信じていると、何かいいことあるのかな?

毎日お祈りをしたり、教えを守って生活したり……。
宗教を信じるのって、何だか大変そう。
でも、信じている人がいっぱいいるってことは、
いいこともたくさんあるってことだよね?

A 「いいこと」＝「救い」があると考えられます。大きく分けて、3つの形があります。

宗教には、信じる人同士のつながりを作ったり、
心をささえたりする力があります。
それを、宗教の言葉で「救い」といいます。

宗教を信じていると、どんな「いいこと」があるのでしょう。信じる宗教によって多少ちがいはありますが、ほとんどの宗教に通じるものとして、次の3つが挙げられます。

　まず、ひとつ目は**「仲間がいる」ということ**。近年、地域での人とのつながりがうすくなり、ご近所さんの顔をほとんど知らないままくらしている人も多くいます。そんな中、同じ宗教でつながり、同じ考えかた、同じ生活習慣をもつ仲間がいることは、大きな心のささえになります。近くに頼れる人がいなくても、お坊さんや神父さんなど、その宗教のリーダー的な立場の人はいつでも相談にのってくれるでしょう。このように宗教には、人との大切なつながりをあたえてくれるという面があります。

　ふたつ目は、病気、貧困、いじめなど、何かつらい状況におちいったとき、**「神様や仏様がきっと救ってくださる」という希望がもてること**です。神様や仏様は、どんなときも見守ってくれている。そして、いつか必ず救ってくれる。そう信じることで、不幸を乗りこえる力がわいてきます。宗教があるから、強い気もちで人生を歩んでいける——そういう人もたくさんいるのです。

　そして、3つ目。たとえ、ささえてくれる仲間がいても、強い心でがんばっていても、つらい状況からなかなかぬけだせないこともあります。そんなとき、宗教は**「達観」という救い**をあたえてくれることがあります。達観とは、仏教の悟り（→P44）にも似た状態で、何事にも動じない心をもつことをいいます。神様や仏様など、自分をはるかに超えた存在を信じることは、自分が世界の中心ではなく、その一部にすぎないことを教えてくれます。すると、心が落ちつき、今の状況を客観的に受けとめられるようになるのです。

　これらの3つの「救い」はもちろん、宗教以外のものからもたらされることもあります。自分から声をかけて仲間を作り、自分で自分を救う人もいます。つらいとき、家族が救いの手をさしのべてくれることもあります。これまでに積みかさねてきた経験が、今の自分に達観をあたえることもあるでしょう。

　宗教も、そのようなさまざまな救いの手のひとつになり得るのです。

Q 宗教同士の戦争や、宗教に関する事件が起きるのは、どうして？

ニュースや社会の教科書を見ていると、宗教が原因で戦争や事件が起きているみたい……。平和を願ったり、人にやさしくしたりするのが宗教なんじゃないの？

A 宗教にまつわる問題の原因は、宗教の教えとは関係ないことがほとんどです。

宗教に関連する争いや事件は、大きくふたつのパターンに分けられます。政治や土地などがからみあった「集団」が原因となる場合と、一部の人の考えかたに原因がある場合です。

　テレビのニュースなどで、「宗教対立」「テロリスト」といった言葉を聞いたことがあるでしょうか？ こうしたニュースを見聞きすると、そこに関わる宗教が、とても暴力的なもの、こわいもののように感じられるかもしれません。

　でも、ここで注意しなくてはいけないのは、宗教について話すときには、ふたつの意味があるということです。ひとつは、信じる人の心の中にある信仰をさす**個人レベル**での宗教。もうひとつは、その宗教に所属する人の集まりをさす**集団レベル**での宗教です。

　個人レベルでの宗教というのは、どんな教えを大切にし、どう行動するかという、その人の心の中のこと。同じ宗教を信じていても、人によってちがいがあります。

　一方で、宗教は集団も作ります。いわゆる「教団」とか「組織」、または「国」「民族」といった集団です。テレビや新聞などで話題になる「宗教」は、だいたいこの集団レベルでの宗教のことをさしています。このことをふまえて、世界で起きているさまざまな問題の原因について考えてみましょう。

宗教問題パターン❶ 「集団」だから問題が起きる

一人ひとりが、心の中で何かを信じている分には、それを他人に押しつけたりしないかぎり、問題は起こりません。でも「集団」となると、話は別です。集団をどう守り、発展させていくかといったことも考えるようになるからです。みんなで安心してくらせるように、もっと豊かに、経済的にも、政治的にも、大きな力をもちたい……。こうなったとき、となりあう別の集団との対立を生んでしまうことがあるのです。問題となっている宗教対立の多くは、だいたいこのような流れで起きています。

宗教A：自分たちの集団を守りたい！ そのために、もっとお金も力も必要だ！

宗教B：自分たちの集団を守りたい！ そのために、もっとお金も力も必要だ！

対立！

宗教の教えや信仰ではとくに対立していない

宗教Aと宗教Bは、ともに平和にくらしていくことはできないのかな？

みんなのクラスにあてはめてみると…？

1組：うちのクラスを盛りあげたい！ そのために、運動会で優勝したい！

2組：うちのクラスを盛りあげたい！ そのために、運動会で優勝したい！

対立！ ふだんはとっても仲よし

1組と2組は、もう仲よくできないのかな？

土地や利益の問題に、民族差別や貧困の問題なども加わって、大きな戦争に発展してしまうことがあるのじゃ

こんなことが起きている①

ミャンマーの宗教対立
（2012年〜）

国内で多数派の仏教徒と、少数派のイスラム教徒の対立がはげしくなり、ロヒンギャとよばれるイスラム系住民への迫害が起きた。昔、この地ではさまざまな宗教・民族集団がともにくらしていたが、国のありかたが変化するにつれ、多数派の仏教徒が「国民」の見本のようになり、のけものにされた少数派との間で起きた対立。

シリア内戦
（2011年〜）

シリアの政権と反政府勢力とがはげしい争いをくり返す。市民による、自分たちの権利を求める運動から始まった紛争だが、町は荒れはて、多くの国民が命を落とし、国からにげだす「難民」も生まれた。それぞれの勢力の間にイスラム教の宗派のちがいがあるが、それだけではなく、外国との関係や民族問題、過激派などがからんで、問題がふくざつになっている。

こんなことが起きている②
聖地がかぶってしまった！「エルサレム問題」

エルサレムという土地をめぐる問題は、宗教と政治の問題がふくざつにからみあっています。

中東にある国イスラエルが「首都」と主張する※都市・エルサレムがあるパレスチナには、もともとはユダヤ教のユダヤ人たちが住んでいました。しかし、アジアとヨーロッパを結ぶ重要な位置にあったため、キリスト教のローマ帝国やイスラム教のイスラム帝国など、さまざまな国や民族からの侵略、支配を受けることになります。その中で、エルサレムはキリスト教、イスラム教、ユダヤ教の3つの宗教にとって大事な「聖地」となりました。その統治をめぐっては、3つの宗教とそれぞれの民族同士の対立が、今も続いています。

アラブ人とユダヤ人との間で起きた**中東戦争**は4度にわたり、合計8万人以上がなくなりました。今も、各地でテロや争いが後を絶ちません。

キリスト教の聖地、聖墳墓教会

キリスト教徒

「イエスの墓があるエルサレムは、キリスト教徒の大切な聖地だ。ローマ帝国として支配していた時代もあったけど、その後、イスラム教徒の支配下に入った。11世紀にヨーロッパのキリスト教の国々で協力して「十字軍」という軍隊を送り、聖地をとりもどそうとしたんだけど、結局、失敗したんだよね」

「このパレスチナの地に、400年もの間くらしてきたのはわたしたちアラブ人なのだ。それなのに、大昔に住んでいただけのユダヤ人たちがもどってきて、勝手に国を建てるなんて！わたしたちは反発したが、結局、ガザ地区とヨルダン川西岸地区というふたつのせまい土地しか手に入れることができなかった……」

イスラム教の聖地、岩のドーム

イスラム教徒

ユダヤ教の聖地、嘆きの壁

ユダヤ教徒

「最初に国を作り、神殿を建てたのに、ローマ帝国に破壊され、国もうばわれ、われらユダヤ人は世界中に散り散りになってしまった！聖地にもどってユダヤ人国家を作ることをずっと夢見ていて、ようやくイスラエルを建国できた！ しかし、アラブ人たちから反発を受け、戦争になってしまった……。それでも、大切な聖地はぜったいにわたさない！」

「それぞれの理由と、周辺の国々の政治がからんで解決はむずかしい。じゃが、全人類の遺産でもある聖地に、1日も早く平和な日々がおとずれるよう、みんなで考えていくことが大事じゃな」

※イスラエルはエルサレムを首都と主張しているが、国際的にはみとめられていない。

宗教問題パターン❷ 一部の人たちが問題を起こすことも…

集団同士の対立の他にもうひとつ、宗教に関わるトラブルとしてよく聞かれるのが、宗教を名乗る人たちによる**テロ事件**です。

テロとは、暴力をふるって相手をこわがらせ、自分の目的をはたそうとする「テロリズム」を短くした言葉。近年、このテロによって一般人がなくなる事件が増えています。

なぜ、テロは起きるのでしょうか。この本でも見てきたように、多くの宗教は「よい行いをしよう」といったことを教えの基本としています。「信仰のためなら人をきずつけてもいい」などと教えている宗教は、ひとつもありません。ここでもやはり、原因は教えとは別のところにあります。人＝集団です。

同じ宗教のもとに、ひとつの集団を作っていても、そこにいる一人ひとりの心の中は少しずつちがいます。そして、たくさんの人が集まれば、中にはこまったことを考える人も出てきます。そのような一部の人たちが行動し、問題を起こすことがあるのです。

犯人たちが宗教の名前をかかげるので、わたしたちはつい、その宗教全体が危険であるように思ってしまいます。しかし、本当に危険なのはその犯人たちだけ。このような誤解も、宗教が人の集団であるからこそ、生まれてしまうのです。

こんなことが起きている③

オウム真理教 地下鉄サリン事件
（1995年）
仏教やキリスト教など、さまざまな宗教の考えかたを取りいれ、修行して解脱をめざすと主張する教団のメンバーが、勝手な思いこみから東京の地下鉄内に猛毒のサリンをまいた。

9.11 アメリカ同時多発テロ
（2001年）
「アルカイダ」というイスラム教の過激派組織が、アメリカの世界貿易センタービルなどに飛行機をしょうとつさせ、破壊。3000人以上がなくなった。

イスラム教は平和を願う宗教じゃが、政治的な理由から、最近はテロ事件がめだっておるな。どのような宗教や文化からも、奇妙な事件は起きることがあるのじゃ

〜おわりに〜
もういちど… 宗教って、なんだろう？

宗教にはいろいろな形がある！

これまで宗教の世界を見てきて、どうでしたか？最初、「よくわからない」「自分とは関係ない」と思っていた人は、宗教を少し身近に感じることができたでしょうか？

あらためて、「宗教」ってなんでしょう？
宗教は、身のまわりのものや行事などに、**文化**や**習慣**、**伝統**として深く根付いていました。世界のさまざまな宗教を見てみると、**神様**も、大切にしている**教え**や**修行**のやりかたなども、いろいろな形があることがわかりました。

でも、じつは、宗教はそれだけではありません。一人ひとりの心の中の**信仰**となると、どんなふうに考えているかや、どれだけ大切にしているかは、それぞれちがいます。さらに、時代によっても、地域によっても、少しずつ形は変化しています。

2章でしょうかいした宗教以外にも、世界にはまだまだ、いろいろな宗教があります。

神様や仏様、お祈り、悟り、教えなど、**個人**の心の中にあるものをさして宗教とよぶこともあれば、同じものを信じる人々の**集団**（組織）をさして宗教とよぶこともある。宗教には、本当にいろいろな形があるのです。

みんな自分だけの「大事なもの」がある

いろいろな形をもつ「宗教」ですが、ひとつ共通していることがあるとすれば、**「何か大事なもの」がある**ということでしょう。それは、宗教によっても、また信じている人によっても、神様や仏様、悟り、霊などとちがいます。でも、ふだんの生活のこと以外に、大切にして信じている「何か」をもっているという意味では、みんな同じです。

これは、とくに信じる宗教がないという人でも、なんとなく想像できることではないでしょうか。大切な夢があり、「きっとなれる」と信じてがんばっている人がいる。そんけいする人がいて、その人の言葉を大切にしている人がいる。音楽が大好きで、音楽の力で世界を変えられると信じている人がいる……。**自分だけの「大事な何か」をもち、たしかな証拠はなくても信じることができる**のは、宗教を信じていてもいなくても、わたしたちみんなに共通していることです。

この世界に問いかけつづけよう!

宗教にはいろいろな形があります。でも、みんなちがうようで、じつは根っこにあるものは同じ――。何かを信じながらくらしているという意味では、わたしたちも宗教の根っこをしっかりともっているのです。宗教について知ることは、今わたしたちがくらしている**世界の歴史を、文化を、生活を知ること**。そして、**わたしたち自身について知ること**です。深くて広い宗教の世界には、理解できないことも、むずかしいこともあるかもしれません。でもきっと、「なぜだろう?」「自分が信じていることは、これでいいのかな?」と問いかけつづけることが、今を生きるわたしたちの大きな力になるはずです。

資料編 ❶
世界三大宗教をくらべてみよう

世界的に信者が多く、「世界三大宗教」とよばれる仏教、キリスト教、イスラム教。
この本でも、とくにくわしくしょうかいしている3つの宗教について、
あらためて表にまとめてみました。どんなちがいがあるのか、くらべてみましょう。

世界三大宗教の聖地

釈迦が悟りを開いたとされる聖地ブッダガヤの大菩提寺

キリスト教のカトリックの長である「ローマ教皇」がいるバチカン

メディナにある、預言者のモスク。かつてムハンマドが住み、その墓がある場所

仏教

キャッチコピー	「修行して『悟り』を開く」
分類	多神教
生まれた場所	インド
生まれた時期	紀元前5世紀ごろ
信者数	およそ5億人
信者が多い国・地域	タイ・ミャンマー・スリランカ・ブータン・ネパール・中国・日本・韓国など
開いた人	釈迦(ブッダ、本名ガウタマ・シッダールタ)
めざすもの	ブッダの教えにしたがい、煩悩から解脱することで、悟りの世界をめざす
教典	仏典(たくさんあるので、宗派によって選んで読む。有名な「般若心経」はもっともコンパクトなお経)
大切にすること	出家した人は「八正道」などたくさんの決まりを守りながら、瞑想などの修行を行う。出家しない人も、ブッダ(仏)を信仰し、念仏や題目を唱えることを欠かさない
施設	寺(もともとは修行の道場だった)
聖地	インドのルンビニ(釈迦が生まれたとされる場所)、ブッダガヤ(釈迦が悟りを開いたとされる場所)など
聖職者・専門家	僧侶(もともとは修行僧だが、信者にとっての相談役でもある)
主な行事・祝日	お彼岸・灌仏会・お盆・除夜の鐘など
主な宗派	テーラワーダ仏教・大乗仏教
日本に伝わった時期	6世紀ごろ(飛鳥時代)、朝鮮半島にあった国からブッダの像などがおくられた
この本のページ	40〜51ページ

キリスト教	イスラム教
「神の愛のもと まわりの人を愛そう」	「唯一の神アッラーのもとではみな平等」
一神教	一神教
中東	中東
1世紀ごろ	7世紀ごろ
およそ24億人	およそ17億人
ヨーロッパ・北アメリカ・南アメリカ	インドネシア・パキスタン・バングラデシュ・トルコ・エジプト・サウジアラビア
イエス・キリスト	ムハンマド
イエスの愛の教えを守り、イエスを信じることで、罪からの解放をめざす	唯一の神（アッラー）にしたがい、平等・平和にくらす
聖書（とくにイエスが生まれてからのことについて書かれた新約聖書を大切にする）	クルアーン
週に一度の聖餐式（ミサ）や礼拝に参加し、聖書の教えにしたがってくらす	神（アッラー）や啓典（クルアーン）など6つのものを信じ（六信）、1日5回の礼拝や年に1度の断食など5つのことを行う（五行）。クルアーンをもとにした「イスラム法」にしたがう
教会（信者たちが集まる場所）	モスク（集まって礼拝を行う場所）
エルサレム（イエスの墓がある場所に建つ聖墳墓教会がある）、バチカン市国（カトリック教会の中心地）など	サウジアラビアのメッカ（カアバ神殿がある）、メディナ（ムハンマドの墓がある）など
司祭（カトリックなど。神父ともよばれる）、牧師（プロテスタント）	イスラム法の学者（ウラマーとよばれる）
クリスマス（降誕祭）・イースター（復活祭）・ペンテコステ（聖霊降臨）	イード・アル・フィトル（断食明けを祝うお祭り）・イード・アル・アドハー（アブラハムが神に犠牲をささげたことを祝うお祭り）
ローマカトリック教会・プロテスタント諸教会・東方正教会	スンナ派（多数派）・シーア派（少数派）
室町時代、カトリック教会の宣教師、フランシスコ・ザビエルによって伝えられた	大正時代、イスラム教徒の集団が初めて日本にやってきた
52〜63ページ	64〜75ページ

資料編 ② 宗教カレンダー

この本で取りあげたさまざまな宗教行事などを、わたしたちがふだん使っている西暦のカレンダーで、月ごとにまとめてみました。あなたにとっては何でもない、ふつうの日でも、ある宗教を信じている人にとっては、特別な日かもしれません。今月はどんなイベントがあるのか、このカレンダーでぜひチェックしてみてください。

1月

- お正月【神道】
- 初詣【仏教・神道】

● ＝日付が決まっていない行事

2月
- 3日 節分【神道】
- 14日 バレンタインデー【キリスト教】
- 祈年祭【神道】
- 春節（旧正月）【中国など】
  ※旧暦の元旦。2018年は2月

昔、東アジアの多くの国では、月の動きを中心にした太陰太陽暦が使われておった。これを旧暦といい、旧暦の正月を旧正月という。中国や韓国などでは盛大にお祝いするぞ

5月

- ペンテコステ（聖霊降臨）【キリスト教】
  ※イースターから50日後

6月

イスラム暦 9月

- ラマダーンの断食【イスラム教】
  ※イスラム暦9月に行われる。2018年は5〜6月

イスラム暦 10月

- イード・アル・フィトル【イスラム教】
  ※イスラム暦10月の初め。2018年は6月

9月

- ダシャハラー【ヒンドゥー教】
  ※9〜10月の満月に向けての10日間
- スコット（仮庵の祭り）【ユダヤ教】
  ※9〜10月の1週間
- 10日 ヨム・キプル（贖罪の日）【ユダヤ教】

10月

- ディーワーリー【ヒンドゥー教】
  ※10〜11月の新月の夜をはさむ5日間
- 31日 ハロウィン【キリスト教文化圏】

イスラム暦にしたがうイスラムの行事のように、毎年、祭日がずれるものもある。ここでは2018年を基準にしておるぞ

暦について

日本をふくめ、現在ほとんどの国では、イエス・キリストが生まれた次の年を元年とした**西暦**が使われています。また、太陽が地球を回る周期をもとにした太陽暦（グレゴリオ暦）が一般的ですが、イスラム教では、ムハンマドがメッカからメディナに移住した年を元年とし、月の満ち欠けの周期をもとにした太陰暦である**イスラム暦**（ヒジュラ暦）が使われています。ただし、太陰暦だと毎年少しずつズレが生じ、季節に合わなくなるので、一部太陽暦を採用するイスラム教の国もあります。ユダヤ教には、太陰暦を基本にしつつ、太陽暦も参考にして調整した太陰太陽暦の**ユダヤ暦**があります。神が世界をつくったとされる西暦の紀元前3761年を元年としています。

3月
- お彼岸【仏教】
- ホーリー【ヒンドゥー教】
  ※3月中の満月の日から2日間
- ユダヤ暦の新年【ユダヤ教】
  ※3〜4月

4月
- イースター（復活祭）【キリスト教】
  ※春分の日の後の最初の満月の次の日曜日。年によって移動する
- ペサハ（過越しの祭り）【ユダヤ教】
  ※3月末〜4月の満月の日。年によって移動する
- 8日　花祭り（灌仏会）【仏教】
- 13〜15日　ソンクラーン（水かけ祭り）【仏教・タイ】

7月

8月
- お盆【仏教】

イスラム暦12月
- イード・アル・アドハー（犠牲祭）【イスラム教】
  ※イスラム暦12月4日からの10日間。2018年は8月

11月
- 15日　七五三【神道】
- 23日　新嘗祭【神道】

12月
- 25日　クリスマス【キリスト教】
- 31日　おおみそか（除夜の鐘）【仏教】

資料編 3
宗教の歴史とつながり
〜アジア〜

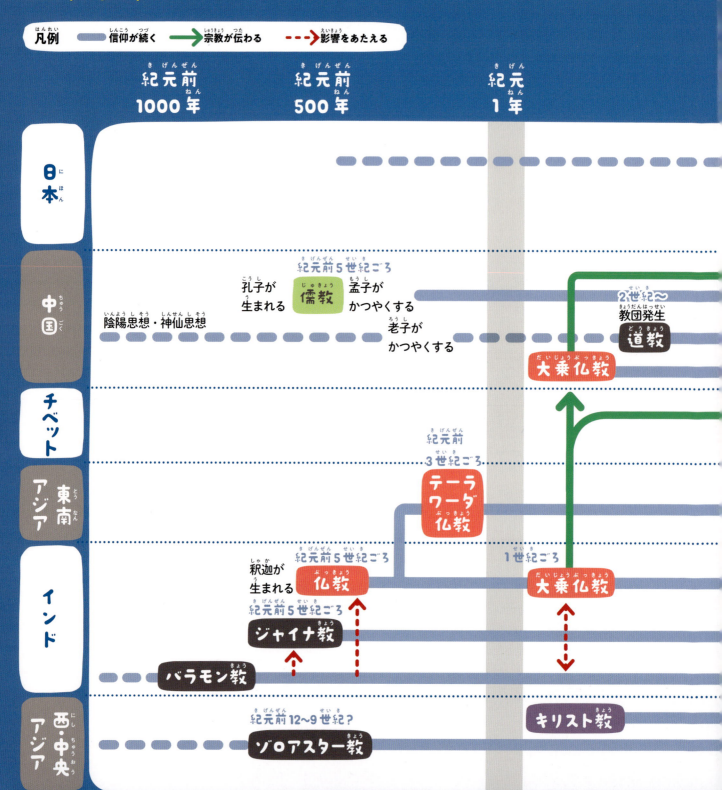

世界の主な宗教の歴史を、アジア地域と、アメリカ・ヨーロッパ・中東地域に分けて年表にまとめました。各宗教がどこで生まれ、どのように伝わっていったのか、また、他の宗教との関係もわかるよう、矢印でしめしています。この年表で、世界の宗教がたどってきた道を大まかにつかみ、今後のさらなる学習に役立ててください。まずは、日本をふくむアジア地域から見てみましょう。

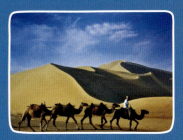
仏教は、中国とヨーロッパをつなぐシルクロードを通って、インドから中国へ伝えられた

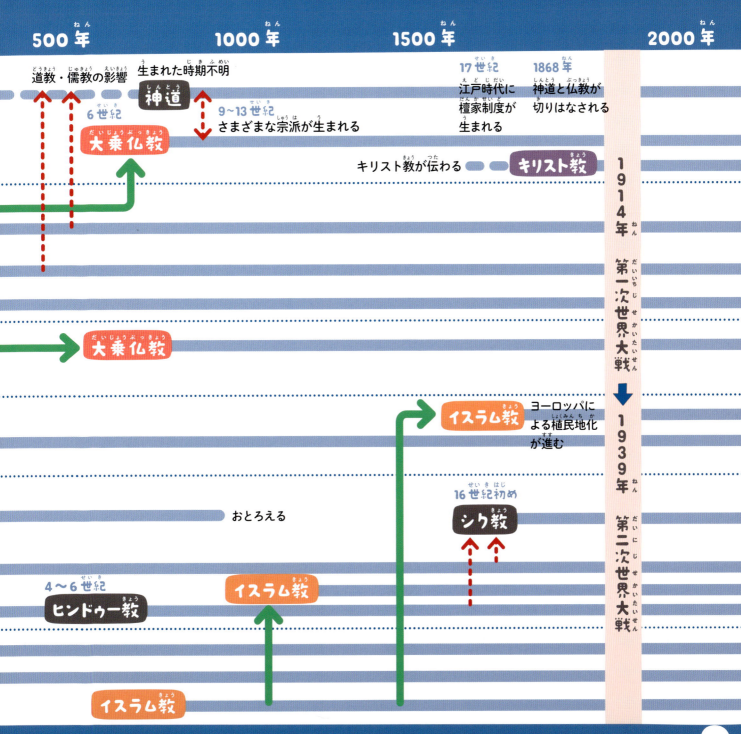

資料編 ④
宗教の歴史とつながり
～アメリカ・ヨーロッパ・中東～

凡例 ▬ 信仰が続く　→ 宗教が伝わる　--▶ 影響をあたえる

| | 紀元前1000年 | 紀元前500年 | 紀元1年 |

アメリカ

キリスト教が広まる前のヨーロッパでは、ギリシャ神話やケルト神話など神々の神話がたくさんあって、信じられていたのじゃ

ヨーロッパ

紀元前8世紀ごろ
ギリシャ神話が文学として成立

ローマ帝国が栄える

4世紀
ローマ帝国で国の宗教となる

1世紀ごろ
パウロの伝道

キリスト教

イエス・キリストが生まれる

中東

紀元前1280年ごろ
モーセが神ヤハウェから十戒を受ける

紀元前13〜12世紀
ユダヤ教

ローマ軍によりエルサレムが破壊され、ユダヤ人は各地へ

ゾロアスター教

続いて、アメリカ・ヨーロッパ・中東地域の宗教の歴史を見てみましょう。世界でもっとも信者数の多い宗教、キリスト教が広がっていく様子がよくわかると思います。イスラム教もふくめ、宗派が分かれていく様子も見てとれますね。この本の2章にある、各宗教のページもあわせて読みながら、ぜひ理解を深めていってください。

古代ローマ時代に作られた円形闘技場「コロッセオ」。客席は、正確な円状に配置され、その建築技術は現代に通じるほどのレベルだという

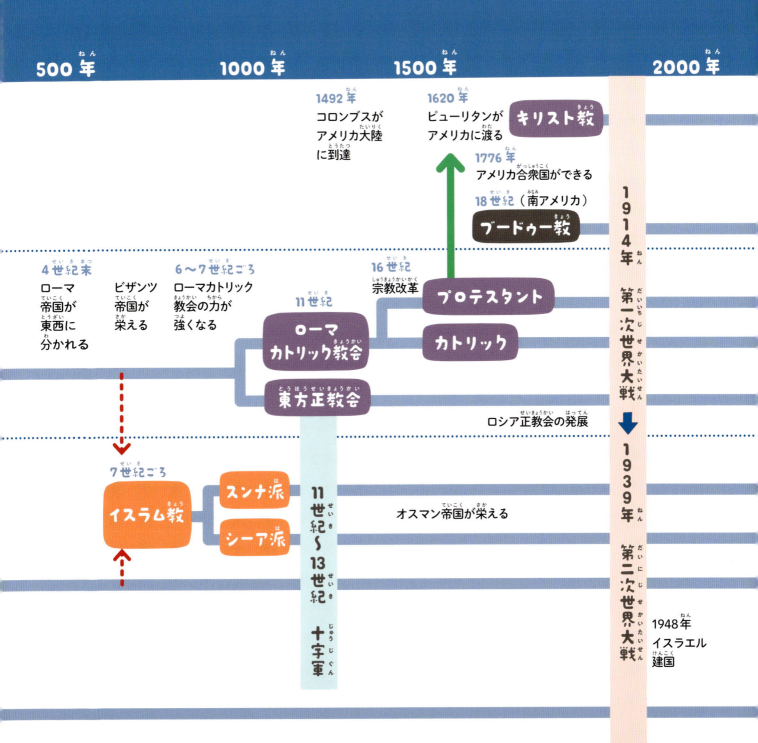

さくいん

■あ行

アートマン	78-79
アーメン	56、61、109
悪魔（サタン）	56、106-107
アザーン	69、72
アダムとエバ（イブ）	54、69、84
アッラー	**64-69**、73、119
アニミズム	24、36、**105**-106
アマテラス	91
阿弥陀	47、51
アルカイダ	115
安息日（シャバト）	13、84、**86**
イースター（復活祭）	8、23、61、121
イード・アル・アドハー	119、121
イード・アル・フィトル	72、119-120
イエス・キリスト（イエス）	20、23、28、31、33、**52-63**、66、109、114、119、124
生き霊	107
イザナギ	91
イザナミ	91
イスラム教	8、31、35、38-39、**64-75**、77、84、97、104、107、114、118-119、120、125
イスラム帝国	70、114
イスラム暦（ヒジュラ暦）	67、72、**121**
一神教	**39**、119
祈り（キリスト教）	57、60-61、108-109
イマーム（導師）	72
陰陽思想（陰・陽）	34、**95**、122
ヴァルナ（四姓）	81
ヴィシュヌ神（ヴィシュヌ）	78、81
ヴェーダ	77、80
氏神	91
産土神	26、90
盂蘭盆会	24
エルサレム	70、114、119
オウム真理教	115
大本	98
お経	27、44-45、46、48
お地蔵様（地蔵）	28
お正月	**21**、28、120
オスマン帝国	70、125
お葬式	**27**、47
踊念仏	24
おばけ	106
お彼岸	**23**、118、121
お盆	**24**、118、121
おまいり（神道）	92-93
おまじない	108-109
お守り	92-93
おみくじ	93
おみこし	24、93
お宮まいり	26
怨霊	107

■か行

カースト	81、97
カアバ神殿	67、**68-69**、119
改革派	86
神楽殿	92
火獄	67、104
カシェール	85
カトリック（ローマカトリック教会）	55、**58-62**、118-119、125
カナン	83
神棚	18、**30**、32
カリフ	70-71
神主	27、93
灌仏会	23、118
喜捨（寄付）	35、48-49、67
祈年祭	93、120
旧約聖書	56、62、84-85
教会（キリスト教）	20、22-23、28、31、**55**、**59**、60、74、119
キリスト教	8、20、22-23、25-27、31、35、38-39、**52-63**、66、77、84、97、103-105、107、114、118-119、120-125
空（からっぽ）	41、**44-45**
クトゥービーム	85
クリスマス	18、**20**、29、61、119、121
クルアーン（コーラン）	66、69、72-74、119
啓典	66、119
解脱	**43**、78-79、96-97、115、118
結婚式	18、22、**26**
ケルト人	25、107
原罪	54
業（カルマ）	79、80
孔子	94、122
五行	66-69、119
『古事記』	22、32、91
ご神体	92
告解	61
御利益	90

■さ行

座禅	33、43、44-45
茶道	33
悟り（悟る）	23、33、34、41、43、**44-45**、79、96、118
サンスカーラ	80
サンタクロース	20
参道	92
讃美歌	27、29
三位一体説	55
シーア派	**71**、119、125
シヴァ神（シヴァ）	79-81
シク教	38、**97**、122-123
地獄（キリスト教）	55、105
地獄（仏教）	29
死者の日	25
四諦	42-43
七五三	18、**27**、121
地鎮祭	27
十戒	**84**、124
失楽園	54、84
使徒（キリスト教）	56、59
使徒（イスラム教）	66
シナゴーグ	86-87
しめ縄	27、32、92
ジャーティー	81
ジャイナ教	38、**96**、122-123
釈迦（お釈迦様）	23、34、40-42、49、51、77、98、118
写経	34
社務所	92
シャリーア（イスラム法）	**73**、119
宗教改革	58-59、125
宗教対立	112-113
十字架（クロス）	18、28、31、33、53、63、97
十字軍	70、114、125
修道会	58、63
修道士	63
修道女	63
宗派（イスラム教）	71
宗派（キリスト教）	58-59
宗派（仏教）	46-47
宗派（ユダヤ教）	86
儒教	32、34、39、**94**、122-123
修行（仏教）	9、**43**
出エジプト記	83、84
出家	12、46、48-49、118
主の祈り	57
荀子	94
巡礼	67-69
聖徳太子	47、50
浄土信仰（浄土）	43、47
成仏	27、104、**106**
定命	67
精霊馬	24
除夜の鐘	**21**、118、121
シリア内戦	113
信仰告白（イスラム教）	67
真言宗	47
神社	21、22、24、26、30-32、**92-93**
新宗教	98
神職	93
神道	21、26、28、30、32、36、39、**88-93**、98、107、122-123
審判（イスラム教）	67、104
審判（キリスト教）	55、104-105
神父	26、55、59、60-61、111、119
新約聖書（聖書）	8、31、55、**56-57**、59、60-63、119
救い	110-111
スコット（仮庵の祭り）	87、120
スサノオ	91
相撲（奉納相撲）	18、**32**
スンナ派	**71**、119、125
聖餐式	55、60、119
聖体拝領	60
聖地	114、118

正統派	86
聖母マリア	31、62、97
聖霊	53、55、61
精霊	97、107
禅宗（禅）	33、43、47
先祖（ご先祖様）	21、23-25、30、91、102、107
仙人	95
洗礼（洗礼式）	55、60
創価学会	98
荘子	95
創世記	84
曹洞宗	47
僧侶（お坊さん）	9、21、26-27、30、35、48、111、118
祖霊	107
ゾロアスター教	38、**96**、122-125
ソンクラーン（水かけ祭り）	**49**、121

■た行

太極	34、95
太極拳	34、95
大乗仏教	**46-47**、118、122-123
ダシャハラー	**81**、120
多神教	**39**、118
祟り	91
タナハ	85
ダライ・ラマ	46
ダルマ	80
タルムード	85
檀家制度	27、**47**、123
断食	67、72、119-120
チベット仏教	46
チャードル（チャドリ）	71
中東戦争	114
手水舎	92
超正統派	86
鎮守の森	92
通過儀礼（ユダヤ教）	87
ツクヨミ	91
ディーワーリー	**81**、120
テーラワーダ（上座部）仏教	**46**、118、122-123
弟子（12人の弟子）	53、56、58、62
寺（仏教）	9、21、30、35、47、50、118
テロリズム（テロ）	114-115
天国・神の国（キリスト教）	28、53、55、103-105
天使（イスラム教）	65-66、107
天使（キリスト教）	29、106-107
天台宗	47
天理教	98
道（タオ）	95
道教	22、32、34、39、**95**
道元	47
東方正教会（ギリシャ正教）	58-59、60、125
トーラー	84-87
年神	21
鳥居	92

■な行

嘆きの壁	114
新嘗祭	93、121
日蓮（日蓮宗）	47、98
『日本書紀』	32、91
ネビーイーム	85

■は行

拝殿	92
パウロ	56、58、124
墓（仏教）	23-24、47
バチカン（バチカン市国）	59、62、118-119
八正道	**43**、46、118
初詣	21、120
バット・ミツバ	87
花祭り	23、121
ハラール食品	73、75
バラモン教（バラモン）	77、81、122-123
バル・ミツバ	84、**87**
パレスチナ	83、87、114
バレンタインデー	**22**、120
ハロウィン	**25**、120
般若心経	**44-45**、118
ヒジャブ	71
秘跡（サクラメント）	60
ピューリタン（清教徒）	58、125
ヒンドゥー教	13、33、38-39、46、**76-81**、97、122-123
プージャー	13、80、
ブードゥー教	39、**97**、125
福音書	56
仏教	9、21、23-24、26-30、32-36、38-39、**40-51**、77-78、89、96、98、104、107、118、120-123
仏舎利	50
仏像	30、48、50-**51**
ブッダ	41-43、46、50-51、118
仏壇	18、30
ブラフマー神	79
ブラフマン	79
フランシスコ・ザビエル	58、119
プロテスタント（プロテスタント諸教会）	**58-59**、119、125
ペサハ（過越しの祭り）	87、121
ベジタリアン	35、80、96
ペンテコステ（聖霊降臨）	61、120
ホーリー	**81**、121
牧師	26、55、59
菩薩（観音菩薩）	45、46、51、109
法華信仰（法華、法華経）	43、47、98
仏	21、23、26、28-30、102-103、108、111
盆おどり	24
梵我一如	79
本殿	92
煩悩	21、**42-43**、118

■ま行

曼荼羅	47
巫女	93
ミサ	20、23、55、60、119
密教	43、46-47
ミャンマーの宗教対立	113
民数記	85
無宗教	36
ムハンマド	64-67、70、72-73、118-119
瞑想	41、43、118
メッカ	65、67-69、119
メディナ	118-119
免罪符	59
孟子	94、122
モーセ	66、83-85、124
モーセ五書	84-85
モスク	31、72-75、119

■や行

八百万の神	89-90、107
ヤハウェ	82-84、124
ゆうれい	106
ユダヤ教	25、38-39、53、54、66、**82-87**、107、114、120-121、124-125
ユダヤ人	82、86-87、114
ユダヤ暦	87、121
ゆるし	60-61
妖怪	107
妖精	107
ヨーガ	18、**33**、78
預言者	64、66
ヨム・キプル（贖罪の日）	87

■ら行

『ラーマーヤナ』	81
来世	67
楽園（イスラム教）	67、104
ラビ	**85**、86
ラマダーン	67、120
立正佼正会	98
臨済宗	47
輪廻	**42**、76-79、96-97、104
霊	24、36、66、105、**106-107**
例祭（例大祭）	93
礼拝・お祈り（イスラム教）	67、**68-69**、72-73、75、119
礼拝（キリスト教）	20、29、55、119
霊友会	98
煉獄	55、105
老子	95、122
ローマ教皇	59、118-119
ローマ帝国	22、58、114、124-125
六信	66-67、119
論語	94

■わ行

和	88、91

※掲載ページがいくつかある場合、**太字**のページでくわしく説明しています。

監修　中村圭志（なかむら・けいし）

1958年生まれ。宗教学者、翻訳家。北海道大学文学部卒業。東京大学大学院人文科学研究科博士課程満期退学（宗教学・宗教史学）。著書に『信じない人のための＜宗教＞講義』（みすず書房）、『教養としての宗教入門』（中公新書）、『図解　世界5大宗教全史』（ディスカヴァー・トゥエンティワン）、『面白くて眠れなくなる宗教学』（PHP研究所）ほか多数。

**世界とつながる
みんなの宗教ずかん**

2018年10月20日　第1刷発行
2020年4月1日　第2刷発行

監　修	中村圭志
発行者	中村宏平
発　行	株式会社ほるぷ出版
	〒101-0051
	東京都千代田区神田神保町3-2-6
	電話　03-6261-6691
	FAX　03-6261-6692
印　刷	共同印刷株式会社
製　本	株式会社ブックアート

ISBN978-4-593-58780-3／NDC160／128P／277×210㎜
Printed in Japan

乱丁・落丁がありましたら、小社営業部宛にお送りください。
送料小社負担にてお取り替えいたします。

執筆・編集　清水あゆこ

イラスト　ばばめぐみ
　　　　　　ナカオテッペイ
　　　　　　松田学

ブックデザイン　mogmog Inc.

校正　鷗来堂

写真協力

アフロ／Dreamstime.com／フォトライブラリー／日本相撲協会／東日本旅客鉄道株式会社／フードダイバーシティ株式会社／東京ホーリー実行委員会／大宮八幡宮

※以下、Dreamstime.com写真クレジット一覧
P8（上）© Bruno D///'andrea（下）© Vladimir Melnik／P9（上）© Photographerlondon（下）© Kattiya Loukobkul／P20（上）© Pavel Rusak（下）© Marinv／P21（上）© Andreas Altenburger／P23（上）© Arne9001 P25 © Kobby Dagan／P31 © Tupungato／P33 © Nila Newsom／P46 © Lupoalb68／P48（下）© Michal Wozniak／P50（右上）© Michelleliaw（左下）© Bbba（右下）© Romrodinka／P56 © Linda Williams／P59（左）© Junko Barker（右）© Pavlinec／P62（上）© Thomas Jurkowski（中段左）© massimo lama（下）© Wang Haijie／P69 © Sufi70／P71（左）© Mira Agron（右）© Meunierd／P72 © Erwin Purnomo Sidi／P74（左上）© Leonid Andronov（右下）© Vladimir Melnik（左下）© Ivo De／P80 © ePhotocorp／P81（左）© Neerajarora（右）© Nikhil Gangavane／P86、87（上・下）© Rafael Ben Ari／P118（中段）© Rinofelino（下）© Hikrcn

おもな参考文献

『図解　世界5大宗教全史』
　中村圭志・著（ディスカヴァー・トゥエンティワン）
『面白くて眠れなくなる宗教学』中村圭志・著（PHP研究所）
『教養としての宗教入門　基礎から学べる信仰と文化』
　中村圭志・著（中公新書）
『世界の宗教がまるごとわかる本』正木晃・著（枻出版社）
シリーズ「池上彰監修！　国際理解につながる宗教のこと」
　池上彰・監修（教育画劇）
『神社・お寺のふしぎ100』藤本頼生他・監修（偕成社）
『「日本人」を知る本　人・心・衣・食・住［2］
　日本人の信仰』井上順孝・監修（岩崎書店）
『オールカラーでわかりやすい！　世界の宗教』渡辺和子・監修（西東社）
『世界のともだち15　タイ　バンコクの都会っ子　ヌック』
　ERIC・著（偕成社）
『世界のともだち18　パレスチナ　聖なる地のルールデス』
　村田信一・著（偕成社）
『絵本で学ぶイスラームの暮らし』
　松原直美・文／佐竹美保・絵（あすなろ書房）